邮向星辰大海

邮轮摄影师的环球游记

徐菘霙 著

中国纺织出版社有限公司

图书在版编目（CIP）数据

邮向星辰大海：邮轮摄影师的环球游记 / 徐菘霙著
. -- 北京：中国纺织出版社有限公司，2022.11
ISBN 978-7-5180-9536-0

Ⅰ. ①邮… Ⅱ. ①徐… Ⅲ. ①游记—世界 Ⅳ.
①K919

中国版本图书馆CIP数据核字（2022）第083483号

责任编辑：张　宏　　责任校对：高　涵　　责任印制：储志伟

中国纺织出版社有限公司出版发行
地址：北京市朝阳区百子湾东里A407号楼　邮政编码：100124
销售电话：010—67004422　传真：010—87155801
http://www.c-textilep.com
中国纺织出版社天猫旗舰店
官方微博 http://weibo.com/2119887771
北京华联印刷有限公司印刷　各地新华书店经销
2022年11月第1版第1次印刷
开本：710×1000　1/16　印张：21.25
字数：172千字　定价：98.00元

前 言

一份来自邮轮摄影师的环球记录

为什么要写游记?

同学会上，曾经的同桌这样问我。

在大多数人眼中，作家应该首先去写小说，因为有潜在的商业价值，也有更高的变现可能。游记，并不是那么有“钱途”的文种。

《大唐西域记》《徐霞客游记》《马可波罗游记》……前人记录下的那些风光和城市，到如今早已大变模样，甚至很多已不复存在，可却吸引着一批又一

批人去阅读，去探索，去追寻……

游记，重点在记。当时移世易，游记早已不仅仅是游记，更是一份珍贵的史料。对当下真实的记录，本身就是最大的价值。

邮轮和旅行密不可分，每一艘邮轮都有属于自己的“旅行社”（shore excursion），登上邮轮后，游客可以在这个邮轮上的旅行社里订购自己喜欢的目的地旅行线路，邮轮的旅行社通常与目的地的旅行社合作，价格会比当地旅行社略高。

作为船员，免费参加游客团是其中一项福利。在每一个航程开始的当天，邮轮旅行社的工作人员就会把该航程内所有港口的旅行线路开放给船员，船员只要选择心仪的线路报名即可。不过，通常价格比较贵的和比较受欢迎的热门线路都很难给船员留位置。如果船员真的很想去，可以在这条线路旁边注明愿意额外付费即可。一般而言，注明了愿意额外付费的，100% 能够拿到这条线路的团票，毕竟邮轮旅行社也要完成自己的销售目标，而且如果是船员付费，费用也会比乘客便宜至少一半，所以不管怎么算，对船员而言都是划算的。

拥有这样的福利，也确实让我实现了最初的旅行梦想，踏足的国家已经多达50多个。其中有些国家甚至和中国都还没有建立外交关系。比如伯利兹，如果以普通游客身份前往，即便乘坐了能到达这些国家的航线的邮轮，也可能无法入境，但是船员就没有这样的限制。还有些地方，可能至今都没有中国人到过或听过，是百度都搜索不到的地方，比如南太平洋的香槟湾。这些岛屿只接受邮轮到访，某些小岛还是邮轮公司买下的私属岛屿，只有乘坐该公司特定航线的邮轮才能到达。

跟随黄金公主号，我到访了日韩与南太平洋航线的港口。因为地缘文化相近，整体感觉亲切轻松；而当跟随珊瑚公主号时，则经历了巴拿马运河和阿拉斯加两条最精彩的邮轮航线体验，饱览了这两条伟大航线的沿岸美景。一个是对自然历史的敬畏，另一个是对人类智慧的赞颂。而邮轮旅行，又恰好是领略巴拿马运河和阿拉斯加最好的方式，这两条线路也让邮轮公司赚得盆满钵满，是世界邮轮航线中

的黄金航线。

邮轮通常上午到港，下午离港。对游客来说，每个港口只有不到一天的游览时间，但是对于海乘而言，由于航线是应季的，可能连续三四个月都是一样的航线循环往复，所以到港次数，可能会有十几次甚至几十次之多，相应地，对目的地也更为了解，每次深入探索一两个景点，到港四五次后，基本就能玩全一座城市了。

游记有详有略，玩得多的就多写一些，玩得少的就少写一些。综观全文，巴拿马运河航线和阿拉斯加航线写得详细。这两条航线，我各待了三个月，又因为文化差异大，人人激发了我的探索热情，每次到港游玩的时候，都是沉浸式的体验，当然，收获颇丰。

当我写下这篇前言的时候，中国第一艘自主建造的邮轮完成度已达80%，国外的邮轮航线已经逐步恢复正常运营。

2020年新冠疫情是个分水岭，将邮轮产业分成了疫情前和疫情后。当疫情过去，邮轮产业恢复后，我不知道这些我曾到过的地方是否会变化，但是文字的描述提供了一个疫情前邮轮产业全盛时期，这些城市的模样。

2016年，我刚登上邮轮的时候，中国的海乘只有几百人，而现在，中国海乘已经是一个初具规模的职业了，在世界各大品牌的各艘邮轮上，都能看到中国海乘的影子。很多中国海乘在这次疫情中，海上漂泊数月，经多方沟通后才艰难回国，但这也让原本各自散落的海乘们团结起来，建立了自己的群，互帮互助，资源共享。因为大家相信，风雨之后会有彩虹，更期待的是疫情过后，中国邮轮全产业链的整体崛起！

更希望，乘坐邮轮旅行的梦想能再度启航！

徐菘霙

2022年3月

目 录

Part 1

东亚航线 East Asia

Part 2

Part 3

Part 1

东亚航线　East Asia

地缘相近，文化相近。

若坐邮轮从中国出发探索东亚，那么这些港口总有一处是你将会到达的地方。

中国台湾　基隆

China Taiwan Keelung

登上日光岩眺望 / 只见云海苍苍 / 我渴望

我渴望 / 快快见到你 / 美丽的基隆港

——张暴默《鼓浪屿之波》

国境之南的温暖海风告诉来访的人，这里是台湾。

嗲嗲的台湾腔和满墙壁的繁体字把坐飞机带来的疲惫一扫而光。

一出机场，我就看到了贴着自己名字的纸牌。

公主邮轮公司为员工接机的人已经等候在那里。

奔驰车接送，白色制服，白色手套。

像空乘一样，海乘也是高度职业化的工作，当然最不能忘记的是 say hi（打招呼）和微笑。

“我们现在都讲究 SOP（标准化工作流程）啦，一切都要 professional（职业化）的哦。”

“第一个合同？”

“第一次来台湾？你最想吃的小吃是什么？”

……

“蚵仔煎吧。”

也许是怕空气太安静显得尴尬，接机的陈师傅主动挑起话题，以台湾小吃开头，毕竟饮食文化是刻在中国人骨子里的。当然不仅仅是化解尴尬，陈师傅在从事邮轮海乘接机工作之前就是一个地道的厨师，从他的口中，我得知了许多台湾小吃不为常人知道的秘密。

“蚵仔煎，一定要取新鲜的蚵仔出来，放上菠菜，煎个蛋，但是最最重要的还不是这些，而是调料，因为每一家的调料都是不一样的，都是独家秘方，所以吃蚵仔煎吃的是调料哦！”

“奶油螃蟹，这个是基隆的特产，你在基隆上船的话，一定要去试一试。不过能不尝就不尝哦，因为活得好的螃蟹基本都是直接送进饭店了，在小摊贩买的，都是运送过程中已经晕乎乎的螃蟹，用起司烤过，就是要让起司的味道盖过螃蟹的味道，你去看看，夜市里吃奶油螃蟹的基本都是游客和年轻人，我们（摇摇手）都不吃。”

“生炒花枝羹，所有的海鲜类的羹汤一定一定要加醋哦！因为醋可以把所有食材的味道释放到最大，是很提鲜的，如果你在买的时候向老板要醋，他就会知道你是懂行的。”

“看你是女生，我再教你一个小秘方哦。台湾的米酒超级好喝，冬天的时

候，用一点点油煎一个鸡蛋，三分熟，再放入点红曲米、白酒和酒酿，搅拌成汤水一样，喝下去，整个人都会暖暖的，还可以美容养颜哦。”

一个半小时的车程在和陈师傅关于美食的讨论中很快就过去了，入住的酒店就在基隆港边上，公司已经付好了房费和餐费，怀着期待的心情算是正式开始了我的邮轮之旅。

这是我来基隆的第一个晚上，也是我对基隆这座城市的第一印象。既然台湾以夜市闻名，自然是越夜越热闹，越夜越美丽。

入夜，放好行李后，我跑到海港边的庙口夜市。沿街的圆形灯笼都已经亮了起来。夜市的道路很小，仅供三个人并肩走过，两边都是各色小铺，各种小吃都已经新鲜出炉，客人们直接坐在小摊边吃，热火朝天的。

五月的台湾，已然潮湿的天气，配上这热火朝天的小吃氛围，从狭窄的街道穿行而过，就如蒸了个桑拿一般。

台湾的小吃起的名字都很特别，但都有故事由来，比如青蛙下蛋，主角是粉圆，因为煮熟以后粉圆的中心有一点黑，看起来就像青蛙卵一样，因此得名。

当你游览白天的基隆时，则更能感受到台湾的经济现状。基隆沿街店铺众多，但是开张的只有一多半，城市的基础设施建设还停留在20世纪80年代，沿路可见许多电线杆和配电箱，城市景观颇为陈旧，街道也脏脏乱乱的，许多公共区域还被私人物品占用，更有市民醉倒街头。

“台湾的经济在70年代腾飞，成为亚洲四小龙。可现在连龙尾巴都看不到了。”在邮轮上碰到的台湾游客也无不遗憾且无奈地向我陈情，“以前我们走在前面，现在你们走在前面咯。”

在黄金公主号的中国航季，基隆是始发港，在我的第一个合同里，我在这个港口上下了十几次，每一次探索，都让我对这个城市多一点印象。

基隆旧称鸡笼，城市里有三座桥分别叫作金鸡桥、富狗桥和喜猪桥。白天街边的店铺开张，还能看到店家在铺面前摆着方桌，上面放着财神像，供着瓜果，点着香，这里的文化风俗与闽粤一带一脉相承。基隆城市的道路名字也很有意味，信二路、爱一路，走在以仁义礼智信命名的道路上，还是能感受到同一种文化底蕴带来的温暖。

但基隆最吸引人的还是那些小吃，而且老字号很多，一些店铺有上百年的历史。比如富狗桥边上的世纪面包店。中秋时节，新鲜出炉的帝王酥，比大陆正常的蛋黄酥个头大了三倍左右，味道甜得刚刚好。船员们也都纷纷来打卡购买，感叹是家乡吃不到的美食。

那一年是2016年，正好是基隆港建港130周年。基隆，在海潮中苏醒，也在海浪中睡去。

中国台湾　高雄

China Taiwan Kaohsiung

高雄，在我的第一个合同中是一个突然多出来的港口。

因为一场叫马勒卡的台风。

往常平均数量2000+乘客的航程，在这个特别的中秋节变成了400+个乘客。邮轮上的工作人员比乘客数量还多。

原定于石垣岛和冲绳那霸的航程也变成了在高雄的overnight（在港口过夜）。

想来，乘客退票也是必然，好不容易可以出国度个中秋，可没想到转了一圈还在中国台湾。可是这400+个乘客对邮轮员工而言却是宝贝，因为他们完全是为了享受邮轮的生活和服务而来，是真正的邮轮爱好者。

相比于基隆，高雄是真正意义上的大港口，从引航道路一直到邮轮停泊处是一段长长的水道，邮轮足足开了半个小时之久，沿途都是大型的货轮。与基隆80年代的面貌完全不同，至少

从港口看，高雄现代化得多，也大气得多。

“哇，这水碧绿色的，好清澈啊！”

正当我们感慨的时候，加油船开了过来，水面被搅动，水顿时呈现出一圈圈泥黄色，身边的菲律宾同事立刻说：“NO，NO，NO。”看来这里海域的环保问题堪忧。

既然是overnight，就意味着我们有足够的时间可以好好游览这座城市。

文化创意产业是台湾的特色产业，也是一大支柱产业，渗透于方方面面，高雄也不例外。而高雄的文化产业与轨道结缘。

第一条轨道，地铁。在台湾，地铁也叫捷运。来高雄，美丽岛捷运站自然不能错过。它出自一位意大利设计师之手，以水、土、光、火四个元素组成了光之穹顶，曾荣获世界最美地铁站第二名。但是吸引我的却在地铁之外。地铁站沿路都是文化创意小铺：有专门做布艺娃娃的，简单的抓绒、棉布和纽扣就组成了形象的小动物人偶；还有用软陶做花朵小饰品的铺子，纯手工，店主每天只做10个原创饰品，想到什么，灵感就倾注于指端，至于卖，完全随缘。

“能不能帮我一下，我去那个圆环前面，帮我扫描一下，然后拍个照截图？”

西子湾地铁站，一个偏胖的台湾男生喊住了我，圆圆的脸戴着眼镜，拿着他的手机不断地教我远近对焦。按照他的指示，对准圆环的一瞬间，一位漫画少女竟从屏幕中一下跳了出来，原来地铁里藏着 AR 科技！

他告诉我，这个活动名叫“高捷爱旅”，就是高雄捷运在旅途中传达爱意的意思，是高雄市政府为了推广捷运交通所做的文化推广活动。而那些在墙上展出的漫画作品都是高雄市民为捷运设计的不同形象。

第二条轨道，铁轨。邮轮港口所在的西子湾是一个巨大的文化特色产业区——驳二艺术特区，驳二，是 pier 2（码头2）的直译加音译。旧仓库都被刷成了艺术外墙，几座仓库排成一排，有点像北京的798艺术区。驳二艺术码头也是个文化商业区，台湾标志性的诚品书店在这儿就有分店，主题展览四季

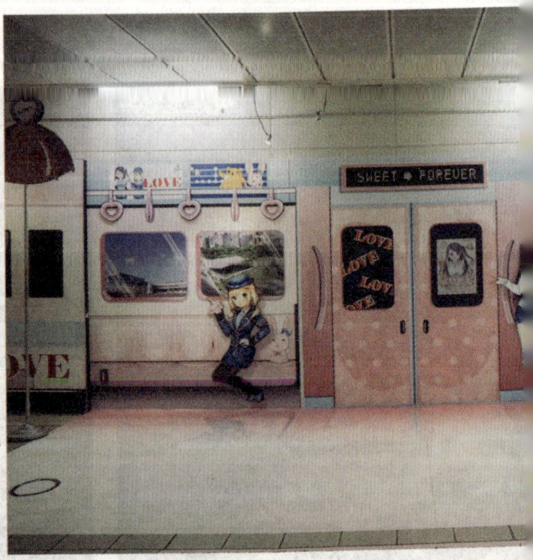

不断；除此之外，还可以找到一家小众电影院，去的时候这家电影院正好在准备10月的高雄电影节，派发的传单都是文艺电影的简介；科学先生，一家专卖益智类科学物品的商店，一进门我就被整整齐齐一排的周期元素表马克杯所震撼，还有各种可以自己动手组装的科学仪器和模具。

将各种特色元素融入文创，这样的店铺在驳二艺术特区比比皆是。

高雄古时名为打狗 Takau，台湾日据时代，根据日本发音才将这里更名为高雄。日本人在沿海地区修建了滨海铁路，而滨海音译过来就是哈玛星。

如今，哈玛星铁路成了高雄这段历史的见证。铁路原址被改造成了一座文化公园，有颠倒的房屋和打满补丁的铁皮旅行箱。不远处的打狗铁道博物馆里，各种纪念图章以及相关的明信片、原始的一览表、运货单、负责人黑板都原样保留。

八又五分之二月台，是哈玛星铁道博物馆的特色项目，它有两条迷你铁轨，有多迷你呢？身高165厘米的人站在旁边，车厢高度也就差不多刚过脚踝而已。一条是日据时代的老火车，另一条是现代化的火车厢，游客可以任意选择一种乘坐体验。

旧铁道已经成了当地市民休闲散心的好去处，有玩着吹泡泡游戏的小女孩，泡泡拍子是自制的，长长一根竹竿，顶端扎成一个椭圆圈，用红色棉线缠绕固定，圈里用竹签支起一个十字，让起泡圈不至于变形，同时用棉线缠绕加固。沾一下脸盆里的肥皂水，一个大泡泡膨出。我曾以为这样的童年游戏已经遥远，没想到，在高雄遇见。

离开打狗铁道博物馆，又见一辆文化列车停在博物馆门口。

高雄政府为了让游客更好地体验高雄文化，特别在高雄开设了三条文化列车。

PLATFORM 8 2/5 月台

文化列车行驶于高雄哈玛星、左营旧城和凤山这三个最能体现高雄历史的区域。买一张票就可以乘坐三条列车，而且路过景点时可以随时上下车，只要把握好下一辆来的时间就可以，每一条线的单程时间都是1个小时。列车上都有免费的语音讲解员，为乘客讲解路过的每一处历史遗迹的故事。如果要深度体验高雄，文化列车当数首选。

跟随哈玛星的文化列车，从西子湾驶向古老的盐埕区，路过打狗英国领事馆，满目都是台湾古老的老字号，穿过爱河，就来到了让我向往已久的高雄市电影馆。

侯孝贤、杨德昌是电影人闻之起敬的名字，台湾的文艺片和青春片，更是华语电影史不可磨灭的一笔。高雄市电影馆，这栋并不起眼的大楼，却是多少电影爱好者的必打卡之地。

博物馆的一楼是一个小型的电影图书博物馆。中国电影年鉴、北京电影

学院的学报，以及各种电影文学资料都可以在这里找到。二楼以上则是小型电影厅，看着贴出的海报，正在放映的是最新的独立片和文艺片，以及高雄电影节的展映片。

我在一楼图书馆借阅了一本马丁·斯科塞斯的《电影之死》，开始阅读起来。

“迟早一天你我都将不在，我们对自己所见的记忆，我们观看的方式也都将随之消散。”

马丁预言电影不过就只有再一二百年的寿命。观看方式也许会变，但我相信记忆总会相传。

电影人以身外身做梦中梦，就像今日的高雄，将城市的历史记载在轨道中，延续至今。

从电影馆出来，就是盐埕区的大街小巷。因为台风过境，纵然天气很好，那些吹落的树枝以及还没有完全开张的店铺都让城市略显萧条。

走进一家干果店铺。老板是一个20多岁的青年，看见我，只说了一句：“快进来尝尝。”然后，他用镊子一个一个夹出低温烘焙的果干来给我吃。猕猴桃的微酸，柚子的微苦。老板不讲价格，不介绍无用的功效，只是一个个地请你品尝，仿佛在招待一位故友而并非顾客。

高雄的文化产业建在一条条轨道上，但也许这相见如亲的人情味才是高雄城市文化的核心。

基隆与高雄，一北一南，两座台湾邮轮港，两种不同的城市氛围。

日本　那霸

Japan Okinawa

吃在国际通

国际通，1.6公里，从县厅前站到牧志站。

入口即见一只蹲于屋顶的招财猫雕塑，橘红色，眯眯眼。

琉球的琉璃，冲绳本岛的盐品，纯手工的海洋主题饰品，还有专门用夜光贝壳做筷子架的店，街道两旁都是此种带有琉球本岛特色的店铺。街道中央还有艺术文化中心，可以体验琉球红型和琉球漆器的制作。

在一个台同中，我到达了冲绳18次，可是国际通却怎么也逛不厌。光是吃这一项，就可以享受很久。来到国际通，不怕你是吃货，只怕你胃口不够大。

第一个让人食指大动的地方就是御果子御殿。

同样的面粉，同样的豆沙馅，日本人却可以做出上千种造型不同的和果子。而且，不同的城市还会用当地的特色食材做成每个城市的特供和果子。以至于，每访问一个日本城市，感觉得尝过当地的特色和果子，才算真正访问了这座城市。

说到冲绳的和果子特色，必须是紫薯。紫薯在冲绳用汉字表示是红芋，如果看到写着红芋的糕点，那就是紫薯馅的甜品了。比如御果子御殿里的红芋杯，在巧克力蛋糕底上覆盖紫薯慕斯，表面加一层紫薯泥，再以奶油点缀，好看又好吃，重点是甜度控制得刚好。相似的还有红芋挞和红芋烧，都是冲绳地区常见的伴手礼。

在御果子御殿里，可以选择堂吃或者外带。如果堂吃，排队拿托盘、点心、刀叉还有纸巾和一杯水。如果是外带，会附上塑料小勺和纸巾，老板还会贴心地送上一块冰块用作保鲜。

除了糕点还有饮品。某次路过一家泡盛店（饮品店），店铺主人正在促销冲绳岛产的特色果汁，原料是种“绿橘子”，酸酸的，喝一口就觉得维 C 含量好高。喜欢喝酒的朋友还可以在泡盛店里看到上百种日本清酒，尤其引人注意的是冲绳的限定款——青樱，据说是采自早春的樱花露。

冲绳还有许多特色食品，比如海葡萄，买之前可以试吃，本来以为味道会像海带，谁知淡而无味。经店主提醒，加入一点特调酱汁后，果然，味道鲜甜可口，美味指数即刻爆表。海岛的夏天，不能少了冰淇淋，冲绳的冰淇淋加入了冲绳雪盐，甜中带咸。

とぅばらーま
本日のおすすめ
島唄ライブ
19:00
20:00
21:00
おすすめ料理

青桜
288円
琉球泡盛
泡盛
ミニボトル

こちらのミニパインは
沖縄県外でもOK!!

紅いもムース

紅いも生タルト

还有日本特色拉面，在国际通的拉面餐厅里，可以一边品尝拉面，一边听着冲绳的特色三味线乐曲。与和果子一样，日本的每个城市也有自己的特色拉面。冲绳的招牌是软骨荞麦拉面，猪肉是炖烂的，配上鱼丸、炒米饭和一点萝卜片泡菜，大快朵颐之后，荞麦香味余留口中。

最最经典的还是冲绳的盐品。冲绳海域水质好，产出的盐品质量高。而冲绳的美味料理也绝对离不开冲绳盐的奇妙作用。小小的盐品，在日本匠人的手中，竟然可以延伸出几十种不同的品类。有专门做排骨的盐，有专门加在寿司里的盐，有专门烹饪虾的盐，还有专门煲鸡汤的盐。有多少种菜，就有多少种调味盐与之搭配。长尾效应，产业细分，这些管理学知识竟在冲绳盐里体现得淋漓尽致。

首里城

汉字，朱漆和金匾。

一踏入琉球群岛，一股亲切感扑面而来。

首里城，便是琉球王朝昔日的王宫。位于那霸市东北区域，从邮轮港打车到首里城只需要15分钟。

琉球王朝鼎盛时期正值中国的大明王朝，两国互通有无，明朝的主人姓朱，朱意味着红色，与那霸市截然不同，首里城透出浓浓的“中国红”。琉球王朝曾出现过山南、中山、山北三国，而首里城便是最初中山国的宫殿。

在正殿参观，就像进入了小型博物馆：琉球国的历史，宫殿建造的历程，一一被讲述着；皇家曾用过的器皿，海上贸易所得的物品，简化版的龙椅，仿明朝冕旒制作的王冕，都显示了中日悠久的文化交流历史。

首里城最可看的是门，每一道门都有故事。守礼门，守礼之邦，以中国的牌坊为原型。守礼门的图案还被印在2000日元的纸币上，以此纪念八国峰会。再比如久庆门，虽是一道边门，但是风景最美，最适宜拍照。城墙上青苔遍布，城墙下鲜花盛开，登上城门，可以俯瞰整个那霸市的美景。

外城免费，内城收费。城外还有对应的皇家寺庙和公园。公园里，一湖一屋一桥，屋子以纯木结构搭建，间或一只白鸥飞过，像极了武侠片里隐士高人的居所。

为了更好地让游客理解琉球王朝的历史，首里城游览中心想出了集图章的活动，图纸在游客中心选取，有各种语言版本，每一道门的旁边都有一个盖章台，集完后，回到游客中心，根据盖章个数，可获得首里城的周边产品。

美丽海水族馆

若在冲绳，有一个地方能唤起你的童真，能让你觉得在这里做什么都浪漫，能让你更爱这个蓝色星球。那它一定就是冲绳美丽海水族馆。

美丽海水族馆在琉球岛的最北端，而邮轮港则在南端那霸市，单趟车程

要接近2个小时。

这次要感谢台风，让航程获得了一次意外的冲绳 overnight。早晨六点钟，邮轮舱门一打开，我就背上包冲了出去，门口的保安笑着对我说了一句“early bird”（早起鸟啊）。到达那霸市内国际通县厅前站，赶第一班高速巴士，只为了去美丽海水族馆赴一场和鲸鲨的约会。

美丽海水族馆坐落于海洋公园内，总共四层，在四层可以眺望到远方清澈湛蓝的冲绳海。游客从上到下参观，水族馆内共77套大小不一的水槽，每一个水槽都经过精心设计，尽力模拟生物原生态的生存环境。最先进入的是触摸池，海星、海胆都可以亲密接触。接着是热带水区和海水区，在海水区，参观者就仿佛进入了海洋，展区的一半就建造在海洋里，使海洋中的生态环境完全真实。美丽海水族馆中的生物数量繁多，总鱼类种类和鲨鱼种类两项位居世

界第一，650种超过75000条各色鱼类绝对能够让每一个来到这里的游客眼花缭乱，有头部一动一动的魔鬼蓑鲉，身体细长的海蚯蚓等。

鲸鲨，世界上最大的鱼类，最长可以达到20米。在水族馆里见到鲸鲨不是什么特别新奇的事情，可在美丽海水族馆里欣赏鲸鲨是震撼的。这里的黑潮水槽由三块厚度60厘米的巨型玻璃组成了高8米宽22米的大展示窗，给游客提供了超大视野：可以站在玻璃前看鲸鲨从眼前缓缓游过，鲸鲨体型巨大，用“铺天盖地”来形容绝不过分；也可以站在远处高台上一览水槽内所有生物的全貌；当游客走到位于出口处的回廊水槽，可以坐在这里的台阶上仰视鲸鲨从头顶游过；也可以通过入口侧放映厅里的迷你窗口，和鲸鲨保持同等高度，近距离欣赏它们的姿态。

漆黑的黑潮展厅被水槽里透出的蓝色光线覆盖上一层神秘色彩，巨大空间里，来自全世界的游客似乎心有灵犀般一致保持静默，感受这巨大生物带来的震撼。黑潮展厅中的“黑潮”二字，是日本人对北太平洋副暖流的叫法，这条世界第二大暖流的水色深蓝近黑，由此得名。在日本，几家大型水族馆里都有以“黑潮”命名的展厅或水槽，因为这条暖流为岛国日本带来了数量庞大的海洋鱼类资源，年复一年养育着这个国家的人们，故被视大海为神明的日本人

所膜拜和崇敬。

参观完后，从水槽底到达顶楼，可以喂食鲸鲨，这也是黑潮展厅最受欢迎的活动，本就人潮汹涌的展厅会在这时变得更加无从下脚，需提前来抢占优势位置。

水族馆也是一个科普的好地方，在进入水族馆以后，每到一个分类区，就可以拿到一张鱼类知识卡，每张卡上都有鱼的简介以及互动问答。展馆内也会不定期轮流播放海洋科普纪录片。馆内还有看到什么都想买的礼品店，供小孩子们玩耍的儿童游乐区，味道一般但价格不一般的饮食休息区等。

刚刚游览完神奇的海底世界，迎面就是海豚表演，表演区正对着湛蓝的冲绳海，光是以这自然美景为背景的表演，就值回票价了。美丽海水族馆建造在海洋博公园内，而海洋博公园又不仅仅只有一个美丽海水族馆，还有展示冲绳本土民居风格和风俗的冲绳乡土文化村。沿着海边长长的漫步道，还可以到达热带梦幻中心，持有水族馆门票可以在这里享受折扣优惠。相比水族馆，来这里访问的人就少多了，偌大的花园，只有洒水员和极少的游客。这里有许多热带兰花室内培养基地，基地中央还是一个大型的睡莲水池，小于50公斤的儿童可以坐在莲叶上面不会沉，走到顶端是一座瞭望塔，从塔顶可以眺望整个热带梦幻中心，远处则是水天一色的冲绳海。

日本　石垣岛

Japan Ishigaki

石垣岛，这是日本国境里离中国台湾最近的一个岛屿，许多台湾省的人会来此地定居，优纪就是其中一位。

石垣岛以旅游业为收入主要来源，优纪是一位地接旅行社的带领员。而我作为摄影师，免不了有在港口拍照的任务，一来二去，认识了这位脸带雀斑，头发略枯黄，十分热情的女孩。

初探石垣岛就是优纪带的我，她接待完邮轮下船的乘客，而我结束了我的拍摄任务，优纪开着她的爱车 辆桑塔纳，载着我环岛 周。两个小时里，既领略了热闹的港口中心，也看到了岛另一端的原始林田。自此后，在石垣岛探索，我总是让优纪提供靠谱的建议。

皮划艇

凡是岛屿，开发旅游项目，总是绕不开各种水上项目。

潜水、海钓，高级一些还会有冲浪、帆船等。既然来到了岛上，就一定要体验一下当地的水上项目。

我选择了 kayaking。翻译成中文就是划艇，也叫因纽特小艇。在石垣岛中有大片的湿地红树林，而划艇正好可以近距离观察红树林之美的运动。

预约的过程很简单，优纪直接帮我联系当地的划艇基地，约好下次邮轮到港的可行时间段，就可以了。虽然皮划艇项目每天都开放，但是每天开放的时间段都是不一样的，比如今天开放时间是11点、1点两场，明天可能就是1点和3点。所以一定要提前调整好时间。

出发的那天，我拉上了艺术画廊的好友曼迪一起结伴。到达邮轮港以后，

划艇基地的人专门来接我们。和我们一起同行的还有一对日本夫妻以及一对台湾夫妻。让我惊喜的是，曼迪居然会说日语，可以和司机简单地闲话家常。

来到基地以后，稍作放松运动休息，交完费用，3000日币，换上拖鞋，穿上防水救生衣，所有的贵重物品都放在基地的柜子里（放心，很安全），如果想拍照，可以带相机，但是皮划艇指导员会一再提醒你相机是否防水，如果相机明明不防水却带着去玩划艇，最后进水失灵了，指导员可不负责任。

我执意带手机上皮划艇，为了拍照。指导员一个劲儿地用日语和我巴拉巴拉，曼迪告诉我，指导员想知道手机是不是防水的（哈哈，当然不是啦，但是参加这样的活动怎么能不拍照），见我非常不愿意不带手机，指导员就从小木屋里拿出了一个粉红色的手机防水壳给我。哈哈，原来指导员早有准备，看来之前也遇到了不少和我一样固执的游客。

上皮划艇的第一阶段，先在草坪上做热身运动。指导员会简单地教我们基本的动作，如何平衡划桨，如何转弯，遇到倒伏在水面上的树枝时如何做，等等。做完热身运动，就走到沙滩边，皮肤黝黑的教练已经等候在那里，光头，戴墨镜，说起话来中气很足，态度可亲。粉色 T 恤加碎花短裤，阳光的形象里带点儿诙谐。

划艇的操作比我想象中的简单。每个划艇坐两个人，教练开辟道路一马当先。我和曼迪，一上划艇就跟开挂了似的，全速前进，甩了队伍几十米，只听到教练在后面一直用英语喊：“slow down，slow down，just enjoy！”（慢一点，慢一点，享受过程就好）

于是我们就放慢速度，和教练以及其他两组保持在同一水平线，而我和曼迪的配合却极不稳定，一会儿向左，一会儿向右，最险的一次直接撞到了倒下来的树枝，几乎是本能反应，立马将身体向后仰，作睡倒状，皮艇就慢悠悠向前划过树枝，毫发无伤通过，通过的瞬间，听到教练一句“very good”的赞扬，心里美滋滋的。

吸取经验以后，我和曼迪就做了分工，曼迪负责划艇，而我负责控制方

向和拍照，果然分工明确以后，划艇的效率就高多了，也不容易出错。

红树林的景色确实美，而皮划艇给了欣赏这份美丽的一个独特视角，在盘根错节的树丛里弯弯绕，偶尔躺倒，仰望天空，看看茂密的树叶和枝条相互交映，心想，是不是太原始太安静了，担心会不会突然从哪里就窜出一只鳄鱼来。

规定的划行时间是1个半小时，但我们划得实在太快，教练决定带领我们进入一个半开的洞穴里休息会儿，我们和同行的台湾夫妇开始聊天，这位丈夫是基隆奔驰4S店的销售经理，两位来八重山群岛[1]度蜜月，在今天之前还特地去了西表岛坐水牛车，而我也开心地分享在八重山群岛旅游过的攻略和经验。丈夫后悔没有带来相机，正好我的手机派上了用场，我们互相为对方拍照。

划艇结束，教练贴心地送上团队合影，之后指导员便把我们送回各自指定的地点。三天后，我将游皮划艇的照片发到了那位丈夫的邮箱，并收到了一份整整一页的感谢信。

体验了一种新的运动，交到了新的朋友，留下一段回忆，这就是我心中最完美的旅行模板。

石垣牛

日本有三大牛肉，神户牛、松阪牛以及石垣牛。石垣牛肉，作为石垣岛的特产，来石垣岛怎么能不品尝呢？

据说，日本最好吃的牛肉就是石垣牛，而松阪牛和神户牛都是将石垣牛

[1] 琉球列岛西部的岛屿群，包括石垣岛、西表岛、竹富岛、波照间岛、与那国岛等。

的小牛送到松阪和神户再养大的。在松阪长大的石垣牛就是松阪牛，在神户长大的石垣牛就是神户牛。

关于石垣牛，我还特地向优纪打听，哪一家最正宗。优纪犯难了，她说其实每一家都差不多。

本来以为这样的答案很敷衍，但后来，果然觉得在石垣岛品尝牛肉确实很难区分，因为所有的牛肉都是岛产石垣牛，原料都一样，也只有各家做法不一样了，所谓各花入各眼，确实很难比较孰优孰劣。从邮轮码头进入城市中心，整条街都有吃石垣牛肉的店铺，做法也各种各样，牛肉汉堡、牛肉炒面，但是石垣牛最正宗的吃法还当数炭火烧牛。

那炭火烧牛哪家做得好呢？我最后选择了石垣岛官方宣传资料里的石垣屋。日本人的做事风格严谨，好的东西才会打广告，而且又是官方政府认证的，应该不太会出错。

直接在邮轮港口坐巴士就可以到岛上最大的购物中心，而石垣屋就在这购物中心对面的一条上坡小路上。

石垣屋，外形是冲绳当地的传统民居。门口有玄关，进去脱鞋，虽然地理位置离港口中心比较远，但是从玄关的鞋子数量来看，慕名而来的人还真不少。

房屋的柱子周围都是炭火盆，服务员招呼我在一个位子坐下，餐具都已经摆好。唯一的缺点是客人太多，整个屋子都是炭火冒出来的烟，熏得辣眼睛。

菜单除了单品，还有套餐可供选择，我选择了梦幻牛肉组合。端上来的生牛肉看起来就很好吃，雪花纹理如大理石般，真十分梦幻，

但价格比市中心的高出一倍，两盘牛肉就花去了9500日元，还不包括服务费和消费税。

把牛肉放到炭火上的一瞬间，肉里的脂肪开始融化，刺激炭火的火苗变得更旺，火苗会蹿出铁丝网。但是烤肉一定要留意，不能分心。发了一条朋友圈的工夫，没想到就把肉烤焦了。

炭火烤肉的味道确实不错，除了牛肉，还可以把配料大蒜一起烤来吃。但更让我觉得胃口大开的是石垣屋自家调制的酱汁，这酱汁里似乎加入了酸梅汤类的物质，酸酸甜甜，很开胃。盘子里本来以为是作为点缀的叶子，其实也可以食用，它实际上是冲绳特产紫薯的叶子，咀嚼起来糯糯的。用紫薯叶子包上一块烤好的石垣牛再蘸上特调酱汁，一口下去，回味无穷。

仔细一看，屋里好多都是邮轮上的游客。看起来，只要是好吃，哪怕路远一点，也不怕，美食，真不分国界。

日本　宫古岛

Japan Miyako

九月，多台风。邮轮穿梭往返于中国台湾与日本之间的冲绳海域。台湾航程变成了台风航程。因为台风，在三个月的台湾航程里，本来就只停靠八次的宫古岛被取消了四次，改道一次，仅有的三次登岛也是阴天。可就是这三次登岛，已让我爱上了宫古蓝和宫古盐。

踏上宫古岛的那刻，你会彻底感受到心的沉静与祥和。这里远离一切烦扰，用沉默、宁静回答着这个世界的快。

宫古岛周围海域海水透明度极高，日光折射海底珊瑚礁，构成了七彩斑斓的大海，这海水会随着日光变成不同的颜色，近沙滩的水温高，颜色浅，往深海区，蓝色也跟着渐

变。天晴时，海水呈现碧蓝色，天阴时变成普蓝色，若果云层变厚，海水颜色会接近灰黑色。这独特变化的海水颜色就被称为“宫古蓝”。

有痴绝者甚至说：“去过了冲绳离岛宫古岛，就不用再去夏威夷了！”在那毫无阻力的眩目日光下，冲绳的大海，美得如此耀眼。

宫古岛的海水如此清澈，做出来的盐品也是冲绳各岛盐品中的第一。在离西平安名崎[1]不远的地方，就有宫古盐的官方制造厂，这里可以看到盐提取的全流程。宫古岛的盐品也因为洁白细腻，外观看起来像极了面粉，因此被称为雪盐。

游客进入官方制造厂参观，第一个可以尝试的是雪盐水。雪盐细腻，里面的钠、镁离子含量较高，尤其是镁离子。也因为这样，喝雪盐水可以更好地补充电解质。

[1] 宫古岛的一处海角，有灯塔。

袋装雪盐是这里的销售 NO.1。用雪盐做的肥皂和清洁粉，触感很滑腻，较少起泡，却洗得很干净，而且不会有涩涩的感觉。

添加了雪盐的食品更加让人喜欢，在收银台可以买到雪盐大福和雪盐冰淇淋。雪盐冰淇淋是这里的招牌，甜中带咸，雪盐大福直接从冰冻柜里取出来，得耐心等上 30分钟才能食用。其次是雪盐果，用雪盐做的膨化类食品，入口即化，不需要咀嚼，直接含在嘴里，不一会儿，就感觉只剩下雪盐的咸和一点糖的甜了。另外还有雪盐夹心饼干、雪盐气泡水等，仅仅是盐，就可以做出如此多种花样。

除了海水和雪盐，宫古岛还有许多值得探索的地方。

宫古岛面积不算大，但有许多羊肠小道，错综复杂，容易迷路，最好的方法是包车旅行。

一下邮轮港，当地旅行中心的工作人员早已在入境大厅里等候，他们提供了从两小时到五小时时间不等的环岛参观线路，景点都有标识，明码标价。更重要的原因是，来宫古岛除了看海水，还有大桥和灯塔的风光，可这些分别

在整座岛的最东端和最西端。

所以，我最后也选择了包车，和同事一起出行，并且与一对会日语的中国台湾夫妻一起拼车，一路上，这对夫妻和司机谈笑风生，顺带翻译，解决了我们语言不通之苦。

一路上，打卡金色沙滩、海中公园、观景平台……岛本身不大，海滩和

景点都比我们想象中的小很多，本以为三个小时的包车，游览四个景点的时间会很紧张，可是实际上相当宽裕。日本司机非常负责，看我们时间有多，在最后一站池间大桥之后又带我们转了一圈池间岛，我们看到了正在建造的红树林湿地。说好的三个小时一定是掐准时间的三个小时，这大概就是日本人做事的严谨风格。

位于宫古岛以北的池间岛与宫古本岛间有长达1425米的池间大桥相通，这里海水通透，池间大桥也是海上的一道亮丽风景，从附近的西平安名崎的展望台可以远眺池间大桥的美景。多数游客因为距离太远而放弃池间大桥，但宫古岛当地人会极力推荐，用他们的话说：“生活中遇到什么忧愁，就去灯塔那儿看看黄昏，它具有化解一切忧愁的神奇能量。”

回到邮轮港以后，可以散步到市中心，市中心只有两条并行的道路，总长不过一公里，宫古岛上大概居住了5万岛民，除了民居，街道周围多的是售卖布艺、贝雕、琉璃制品这些冲绳特色伴手礼的商店，从材料和用途就可以看出这里朴素、环保、舒适的生活理念。市里还有主打米子烧的Zaku Zaku，其实就是米酒，不过这米酒里似乎也有雪盐的味道；还有一家叫真丑的居酒屋，能取这个名字，老板应该是一个乐天派吧。

日本　竹富岛

Japan Taketomi

在领略了石垣岛的美丽之后，我开始向八重山群岛的其他岛屿探索。

竹富岛是第一站。

竹富岛很小，只有9平方公里，从石垣岛坐船只需15分钟，950日元的单程船票，3个小时就可以单车悠闲地逛遍全岛。也正是单车环岛的乐趣，让我

访问了这个小岛两次。

石垣岛的邮轮大厅里有售票中心，去往八重山群岛的船票都可以在这里买到。大厅外就是接驳船，竹富岛的船因为是短线，一直很准时。

竹富岛是八重山群岛中被游客访问数量最多的，旅游业发展得也更完善。一到岛上，就可以看见竹富岛专为游客提供的打卡合影标志。9月的琉球海域，天气晴朗，这小而美的岛屿，看一眼你就会爱上。

到达竹富岛后，游客中心前的停车坪停满了大巴车，有工作人员举着牌子，牌子上用中、日、英三种语言写着竹富岛的常见旅游项目——水牛车。小岛还处于传统的农耕时代，而水牛就是当地主要的交通工具和耕作主力。水牛车的顶部雕刻了日本三味线的乐谱，穿着冲绳民族服的导览员一边弹三味线一边向游客介绍小岛的历史文化。

竹富岛的游客基地，是当地的一间冲绳民居，门前还有一尊“耶”的风狮爷，这里也是唯一的基地，坐水牛车、租单车骑行都从这里出发。还记得石垣岛的优纪和我说过，风狮爷是日本的守护神，但日本每一个地方的风狮爷都有各自的地方特色，竹富岛的风狮爷嘴角上扬，眼睛圆圆，看起来非常可爱活泼。

如果选择租自行车环岛，需要提交回程的车票做抵押。租来的自行车不带锁，但每一辆自行车都有独一无二的号码标示。一小时300日元，无论如何一定要在下午5点之前返回，因为游客中心里的工作人员5点下班，然后和游客一起坐船返回石垣岛。

有人说，自行车是最接近飞翔的运动。确实没错，骑着自行车前进的时

候，感觉整个人都飞起来了，配上冲绳的阳光，心情也会瞬间变好。

环岛的第一站是岛中心区的瞭望台，但瞭望台的台阶很窄，刚够一个人登上去。在瞭望台上，可以眺望不远处的居民区，红瓦木屋，石头围墙，还有屋顶上的镇宅兽，冲绳民居的基本特色一览无遗。

小岛上的路不是一般的石子路，而是珊瑚颗粒，但并不会让骑手觉得吃力。一路看冲绳当地的原始民居，也是用珊瑚石砌成的房屋围墙，进门的院落中央还会种棵树。而民居周边的装饰，有的是成片的蔷薇花，有的是修剪整齐的矮树丛。围墙上还装饰着珊瑚贝壳雕塑，一定要有心，才能留意得到，更别忘记打卡竹富岛的邮局，它也是日本最南端的邮局。街边的小餐馆，直接把菜名写在红砖瓦上并标上价格，菜单就挂在屋外的围墙上，日本小而美的风格在竹富岛也有了体现。

小岛的东边有栈桥，午后，一片温暖的逆光照过来。日落时分，栈桥的尽头是一片昏黄。通往海边的沿岸公路修整过，骑起来也更方便。而骑到沿岸公路的尽头，就是竹富岛的星沙滩。竹富岛以星沙出名，星沙，顾名思义，就是像星星形状的沙子。实际上，星沙是珊瑚虫的尸体，被海水冲刷分解以后，有些恰巧被冲刷成了近似星星的形状。游客们来这里，都会来捡星沙，并带回装满星沙的小瓶子作为纪念。

Tips:

从石垣岛出发可去往的其他八重山群岛：

☆ 小滨岛 Kohama

简单朴实，也是一个适合环岛游览的地方，岛中央有一座小山，登山基本可以俯瞰整个岛屿。

☆ 西表岛 Iriomote

可以打卡子午线接触馆，体验坐独木舟，在游客中心购买西表山猫造型的小甜饼，约45分钟船程。

☆ 波照间岛

琉球群岛最南端的岛屿，据说晚上可以看到南十字星，而邮轮到石垣岛的停留时间不到一天，再加上从石垣岛往返的时间太久，很难深入探索，但是可以在游客中心买一张登岛纪念证书。

日本　福冈（博多）

Japan Hakata

若说起从中国出发的邮轮，80% 以上的航线，其中一站会有福冈。福冈的邮轮港位于博多，也是日本最为古老的港口之一。这里商业发达，一出中央车站就有阪急，还有博多运河城这样的城市综合体，喜欢去日本购物的朋友，总能满载而归。当然，这个城市也有属于自己的亮点。

博多拉面

炸猪排、煎牛排、烤三文鱼排、意大利面、比萨和 Pasta，吃多了邮轮的西餐，会特别怀念中餐的味道，可并不是每个港口都有下港即到的中餐厅，即便有，也很少有正宗的中餐，因此日本料理成了最好的替代品，一碗拉面可以稍稍让思乡的胃略感舒服些。

汤饼，由遣唐使带入日本，在日本发扬光大。日本的博多拉面与札幌拉面、喜多方拉面并列为日本三大拉面。相信绝大多数人对它的认知是从“1941年坚森太郎在博多川开设了一家屋台，主要售卖煮在豚骨汤中的普通拉面”开始的，这便是博多拉面的鼻祖。

豚骨汤，拉面的灵魂，使用纯猪骨或猪骨掺杂鸡骨，大火熬制至汤色雪白醇厚，浓而不腻。而豚骨，在博多拉面中还提供盐味豚骨、酱油豚骨、味增豚骨三种口味。

“再来一碗”，在日文里被称为替玉。替玉制度也是博多拉面最大的特色。由于博多拉面所用面条很细，如果一次性煮太多的话，面条放在汤中会逐渐吸收面汤，时间一久，面条就糊在碗里。为了防止这种情况，博多拉面在下面时的量就有意地缩小，让顾客可以4～5口就吃完一份面。对于食量大的顾客，他们可以再点一份面，等吃完后再往碗中添上新煮好的面。

配料可以自己选择，基本是叉烧肉、豆芽菜、葱花，木耳丝、溏心鸡蛋、海苔等。优质的猪骨汤、丰富的营养以及松紧口感好的细面，再搭配自己选择的配料，让人忍不住想再来一碗。

在博多最常见的拉面品牌应该就是一兰了，但是并不好吃，原因是——太咸！一兰拉面的重口味提醒了我，毕竟日本还是发明了味精的国度啊。

茶亭惊鹿

拉面太咸，就去喝喝茶吧。

中国有许多传统在日本被发扬光大，茶道就是其中之一。

某天我在市内闲逛，竟误入了一个幽深的小院子——乐水园。

进门是一条长长的石板路，一边竹篱笆，一边土瓦墙，不宽的路两边，

挨着种植了高大的宽叶树木，使得这进门的小道更显幽深。被好奇心驱使的我朝着这条被人为精心营造的路线一直走，道路都由圆石铺就。路的尽头，拐弯，瞧见了一处小景，那是日本庭院里常见的惊鹿，也就是自动取水的小竹筒，而后竟是个小园子。石板桥，石灯亭，还有坐在石凳上闲聊的日本夫妇。园内中间一方池塘，树木高大繁茂，遮住了外界的大部分光线，使整个园子更显清冷幽静，就像个天然空调，待一会儿就觉得浑身凉快了不少，与园子外正值暑热的福冈城完全是两重天地。

园内是一间巨大的古典木结构日式民居，刚走到门口，一位热情的穿着和服的女子就将我迎了进去。

在一间榻榻米的房间坐下，纸门外就正对园子池塘，风景不错。那和服女子为我端上了一碗茶，还配了一小块薄荷糕。

我这才发现，这里竟然是一处茶室！原来日本专门喝茶的茶室是这

样的！

浓绿的茶，盛在一个陶碗里，是用点茶手艺泡的。吃一口茶，咬一口糕，古人都说吃茶吃茶，就是这种感觉吧。

整整静坐了半个小时，离开乐水园的时候，我觉得浑身舒服，也没有之前在烈日下行走多时带来的燥热疲惫。古人说，茶，可以清凉解暑，竟在福冈，才有了如此深刻体会。

日本庭院

福冈的水很美，外有海洋，内有运河，更有园林里的静水流深，比如，日本庭院。

高大的木墙和巨型木门把庭院围得严严实实，仿佛养在深闺的少女。

买票进入庭院，入口的木牌上写着“回游路”三个字：不走回头路，经典的巡游式庭院。围湖一圈是游客步道，曲曲折折，四周都是矮松和不高的景观树，在不大的面积里，尽可能营造出曲径通幽、步移景换的效果。

庭院中间是大片湖水，不深，为了丰富水流的层次感，用鹅卵石堆叠造成了落差，又用碎石铺出了浅滩，于是有了活的水流，还有小瀑布。水流之上是古朴的纯木小桥，各色锦鲤在湖中巡游，悠哉悠哉。

庭院的角落还有一处日式的特有风景——“枯山水”。用细砂、造型石和树木设计的无水胜有水的园林景观，一条条、一圈圈的细砂纹理模仿水波纹的

层层叠叠，由窄及宽，惟妙惟肖。

走在那纯木小桥上，总有种梦回唐朝的错觉。以苏州为代表的江南园林多是明清时期的作品，唐朝时，中国的文化经济中心都在北方，在长安，那时城市里的园林是个什么样子呢？我猜大体也许就是这日本庭院的放大升级版吧。

走出古典派的日本庭院，就是福冈的大濠公园，据说是仿杭州西湖而建，园内以桥连接四个绿意盎然的小岛屿，景观十分现代化，反而失了些乐趣，倒是环湖的白色跑道略显抢眼。

祇园山笠

7月来到福冈，阪急前，神社里，以及散落在博多街头那些高达10米的装饰物没法不吸引游客的眼球。

这些装饰物，被称为山笠。每年7月，是福冈最有名的为期半个月的祭祀庆典——山笠祇园祭。其目的是纪念一位在1241年地震中制止瘟疫的高僧圣一国师，同时祈求不再有瘟疫。后来，人们便模仿圣一国师的布施棚制作山台，在山台上布置神圣的物件，还诞生了扛着山台上的圣物在街道巡游的传统。

但由于牵扯到电线、电灯的安全问题，山笠就被分为放在街头装饰用的色彩鲜艳的“饰山”和在节日活动

中扛着走的“抬山”两种。装饰山笠高达10米，人们首先会被它的巨大和绚丽所吸引。要组装成百上千个零部件，需要十数人一起制作完成。材料有但不限于竹子、锦缎、陶瓷、日本纸等。山笠的底座、山台的正面与背面都有华丽装饰，不过当你站立一旁细细欣赏，会发现每一面的装饰都表现了各种各样的故事，从典故传说到现代事物，有模仿武士和当红动漫主角做成的人偶，丰富多彩。人偶的面部表情，衣服的褶皱，还有那些波浪的变形图纹，只要凝视细节，你就会感受到制作者的手法与品位。

祭，在古代，主要带有祭祀、纪念的含义，到了现代，基本就融入了西方狂欢节的属性，“抬山”自然是山笠祇园祭的重头戏。

据说，祭典一般从7月10日就开始，直到高潮的7月15日。男子们肩扛重达1吨的名为“山笠”的祭礼用大花车，全速跑过博多市内。清晨，随着鼓声的响起，第一架山笠出发。5公里的路程要在30分钟左右跑完，不但要比谁的时间最短，还要展现姿态的雄伟美丽。

虽然我没有那么幸运，刚好在“抬山”的那天停留在博多，但通过友人描述，倒觉得和家乡宁波宁海前童古镇的元宵会颇为相似——人们抬着有特定含义的华丽装饰物在一个约定俗成的日子里，在所处的地方开展一定规模的巡游，且这种巡游都有某种原始的纪念意义，而今，则成了拥有巨大经济价值的旅游活动。

若是错过了7月的博多，也不要紧。在博多的栉田神社里常年展出着高达十几米的山笠。

栉田神社是在日本古代最后一个平安时代建成的，在丰臣秀吉手里发扬光大，是博多人的信仰中心，每年的“抬山”巡游也是从此出发。神社里有迷你版的鸟居，还有和布鲁塞尔撒尿小童雕塑相似的雕塑作品，都值得一看。

日本　长崎

Japan Nagasaki

因为一颗原子弹，这座城市被永远载入了世界历史。

可游览这座城市，又会惊讶于它的安静平和，这里生活的人们并没有背负着历史的创伤，而是过着多元文化交融的精彩生活。

和平祈愿

外国人来长崎，平和公园是必去的地方。

平和，和平，和平年代才有平和的生活，中国文字博大精深。

平和公园，位于原子弹爆炸中心地的北侧丘陵上，以爆炸地中心的纪念碑为圆心，向外用青石板铺成一圈圈的环形路。环形，仿佛地震结束后弥留的能量余波。爆炸中心地附近还能看到当时被轰炸的岩层原状，仍保留着原子弹爆炸时轰掉的教堂门的残垣，和如今周围繁茂生长的树木形成鲜明对比。

公园中环伺着各国赠送的纪念碑，表达着全世界人们对这场灾难的痛心以及对长久和平的美好愿景。有中国赠送的和平“少女像”，德国赠送的“诸国民友好的像”，捷克赠送的“人生的喜悦”，巴西赠送的“祈平和”，土耳其赠送的“无限”，荷兰赠送的“生命与和平之花”，等等，在这里，世界和平不再是一句空话，而是每一个人发自内心的强烈愿望。

平和公园里最重要的雕塑是由日本雕刻界泰斗——北村西望先生负责修建的高10米的和平祈念像。青色的和平祈念像右手指着天空，原子弹正是在

其上方500米处爆炸。左手向一旁平伸，轻轻闭上的眼睛仿佛在为逝者祈祷。

公园中央更是有一座“平和の泉”（和平泉）。

喷泉前方的石碑上记录着一位少女的手记：“喉咙干得不得了，但是水面上浮着一层黑油似的东西，可是非常非常地想喝到水呀，终于和这黑油一起喝了进去。”

当年原子弹爆炸之后最缺的就是水，不论是饮用还是清洗伤口都需要大量的水，可这片被污染的土地却很难再找出洁净的水了，很多罹难者都是在呻吟着“请给我水，给我水”中去世的。为了向这样痛苦的灵魂祈福并奉上清泉，祈祷世界永久和平，于是建造了这座喷泉，喷泉上雕刻着象征和平的仙鹤与和平鸽的翅膀。

除了平和公园，长崎的原爆资料馆也不能错过。

进入资料馆，就进入了一个巨大的时间轴。一路环形向下行走，直到原爆的1945年。而尽头的玻璃陈列窗内，是一台被原爆能量冲击波震歪了的挂钟，它原来被放置在山王神社附近的一家民居中，距离原爆中心800米，而挂钟上的时间则永远停留在了11：02。1945年8月9日上午11：02，挂钟以它的独特方式，永远记住了这一刻。

资料馆里记载了遭受原爆的长崎当时的模样，常见日用品都被震得支离破碎，黑白影像资料循环播放着原爆纪录片，记录着无辜的民众罹难的悲怆。作为教育基地，日本的学生们几乎都会来此参观，资料馆的最后，是孩子们祈愿和平的艺术创作。每年，还有世界各地爱好和平的人，将他们的愿望化成一只只千纸鹤，连成一串，送到平和公园，送到原爆资料馆，用这种特殊方式祈愿世界和平。

从资料馆出来，再坐上长崎市内的有轨小电车，看看周围平和的城市，恍若隔世。

唐人踪迹

“北拱众星富比陶公营海峤，门临五福岁如钱祖乐太平。”拿陶朱公和钱镠来作比，这里就是长崎新地中华街。

江户时代，日本幕府对外施行锁国政策，长崎一度成为日本唯一的通商口岸，许多中国商人来到这里，而后定居这里，人数渐多，便形成了唐人聚居群落，也就是今天新地中华街的前身。现今，新地中华街与横滨中华街、神户南京町中华街并列为日本三大中华街。新地中华街是两条大约200米的街道，彼此交叉成十字型，整体看来便四四方方，按东西南北方向，四个出入口被称为青龙门、白虎门、朱雀门和玄武门，每个出入口各有一个中国红的牌楼，牌楼上各有一副极具中国特色的对联，同时暗合四方指向。

进门后，南北的主干道是一段彩灯牌楼，十步一座，彩灯的图案有寿桃、仙鹤、龙，还有剥莲蓬的小孩子，都是具有中国传统吉祥如意象征的元素。入夜，彩灯亮起，便是中华街最热闹的时候了，街两边有许多中国菜餐厅，专门做海鲜的叫“四海楼”，一家上海料理给自己取名“龙园”，它隔壁是一家淮扬菜叫“苏州林”，隔几步是一家中医馆“整骨院”。笑一笑，在唐人街取店名确实是个技术活。太含蓄了，外国人看不懂，毕竟中国元素为外国人普遍了解的就那么几个，但是取太简单了，又很容易重名。

长崎作为中日文化深度交融的门户城市，17世纪时华人占比曾高达15%，

大多数就居住在现在的中华街附近。每到中国传统节日，尤其是中秋和春节，长长的中华街会挂上灯笼，一路绵延至尽头，中国的节日氛围盈满异国街道。

离中华街不远处，还有一座眼镜桥，架设于中岛川上，据说由中国僧人如定设计。在20世纪50年代的一次大水灾中，眼镜桥附近的钢筋混凝土现代桥梁全遭冲毁，唯有眼镜桥安然无恙。自此，眼镜桥被日本定为国家重点文物，成了两国邦交敦睦、人民友好的象征。

眼镜桥是一座双拱石桥，侧面看，中间有一块突起，很像鼻梁，河水倒影清晰的时候，更像完整的眼镜。中岛川上，眼镜桥与附近二十座古桥，彼此相距不足百米，形成了著名的“长崎石桥群”。石桥两侧的河堤藏着几颗心形石，据说看到它并摸一摸就能得到幸福，许多情侣也因此慕名而来。

蝴蝶夫人

感受了中华街的热闹，也别错过在哥拉巴公园了解长崎与西欧源远流长的文化交往。

幕府末年，哥拉巴公园所在的南山手丘陵成为外国商人的住宅区。1864年开始，从德川时代末期到明治时代所修建的许多长崎市的西式建筑都被迁址并集中到这里，也就成了长崎市内的欧式建筑群，类似于天津的五大道。

整个公园将长崎的优雅混血气质和盘托出。多栋古老的洋房，园中林立，比如哥拉巴宅邸、林哥宅邸、奥尔特宅邸，均被列入了日本“国家重要文化遗产”名录。在这些西洋别墅中，英国人哥拉巴先生的宅邸——日本现存最古老的木造西洋建筑最为著名，因此整个公园以他的名字命名。

哥拉巴，GLOVER，这个名字里有爱，有爱人，可是这里发生的爱情故事却甚是悲情。

普契尼的不朽歌剧《蝴蝶夫人》的创作背景便源于此地。故事发生在1900年，美国海军上尉平克顿娶了一位日本新娘巧巧桑（蝴蝶），可平克顿只是逢场作戏而已。婚后不久，平克顿应召归国，三年后他携美国妻子再次来到日本时，平克顿得知巧巧桑给他生了个儿子，遂决定认养他。得知真相后，忠于平克顿的巧巧桑悲痛欲绝，她让平克顿半小时后再回来接孩子。她把一面美国国旗放在儿子手中，蒙住他的双眼，自己自尽身亡。故事太过有名，园内还特别竖了一座蝴蝶夫人巧巧桑的扮演者——日本著名女高音歌唱家三浦环的铜像。

故事虽悲，但公园风景是极美的。满目绿色，连参观上楼的扶梯都是绿色。园内种满了花卉，牵牛花、雏菊、蝴蝶兰、芭蕉、棕榈还有鲁冰花，有些一丛丛的，有些做成了花坛，有些仅是点缀。除了植物，还有动物，如鸽子、锦鲤等将这里装饰出一副生机勃勃的模样。夏日的庭院，汩汩泉水，幽幽花

香，无不满溢着温柔和煦的氛围。

哥拉巴的宅邸更美，大理石的台基和柱子，地中海风格的大型落地木条纹窗，室内的陈列都保留着上世纪的样子，欧式风格的家具，房屋的一侧拥有室内花房，另一侧则有一小段浪漫的紫藤萝走廊。哥巴拉宅邸也是哥拉巴公园里的制高点，山顶展望台是俯瞰长崎港的绝佳位置。然而，纵使花园景致再宜人，也抵不过蝴蝶夫人望穿秋水的寂寥和后会无期的绝望，站在女主角曾经生活的地方，不免触景生情。

在离开花园的步行街主干道上，还有个龙舟博物馆以及旧香港上海银行长崎支行值得参观，也可

品尝下特色食物长崎蛋糕和枇杷果冻，这些在路边的小卖铺里都有出售。

如果邮轮在长崎的停留时间很短，那哥拉巴花园是首选参观地，因为就在邮轮港隔壁，可以玩得深入，性价比高；如果邮轮在长崎的停留时间够长，那哥拉巴花园可以作为最后一站，也因为在邮轮港隔壁，游览结束就可以顺道返回邮轮了。

韩国　釜山

Republic of Korea Busan

甘川文化村

韩国的圣托里尼，韩国的马丘比丘是对它的称呼。

这里曾经被称为太极村，是釜山郊区的贫困村，贫困村的情况被媒体报道后，吸引来了一群艺术家。

艺术家，化腐朽为神奇。他们不仅改变了甘川文化村的外貌，也改变了村子的命运。用现在的眼光看，这里就是引艺术家驻村，实现美丽乡村建设，以及乡村振兴的釜山范本。

原来，颜值真的很重要，村子更不例外。现在的甘川文化村是釜山知名的旅游目的地，韩国综艺节目跑男（Running Man）来这里录制，又让它火了一把。

从港口的札嘎其市场打车到文化村，车程15分钟。从高处看，文化村并不起眼，羊肠小道中间还架着电线杆。

刚进去的时候，小村并不吸引人，一切都只是一个小村庄的模样，村口还有许多小卖部，是韩国街头最受欢迎的烤串系列。

进入文化村，你可以在右手边的导览中心里拿一份地图，导览中心的工作人员会很耐心地和你讲解每一处可以盖章的具体位置。每一处标志性景点都有盖章点，像极了儿时的游园会。

在这样的地方欣赏风景，最怕的事情是迷路。不过，文化村很贴心，主路是一条环线。如果迷失在了小巷道里，只要跟着墙上的小鱼图标就能回到主路，鱼头的方向就是道路的方向。

文化村发展旅游产业以后，完全开始了自给自足的生活。

村内的人民通过开特色品店铺来赚钱，当然更多的是外包房屋收房租，和中国的诸多古城镇的运营模式一致，售卖的物品小而精致，带有当地特色。原本想，当地人们会不会借着“特色”的名头行“敲诈”之实，可是一看价格，都很亲民。

在这里拍照，要考验摄影师的取景能力。很多元素拼在一起并不好看，但是单独拎出来却很有美感。比如，屋顶上的设计乍看是一只只鸟，而仔细一看，却是一个个人像，喜怒哀乐，苦乐无常。有不少的房屋直接将外墙涂成白

色，仿佛让人来到了爱琴海。

甘川文化村既然称之为文化村，文化元素自然是必不可少的。

沿着主干道走，能找寻到许多特色店铺，而且这些店铺只有在文化村里才有。比如韩纸村，所有的工艺品，都用纸做。纸做的小鞋子，是这里的人气商品，还提供私人定制。

主干道上的房屋大多都已经被设计师改造，引入了诸多童话元素。

七个小矮人跑来蹲点，时光倒流，爱丽丝掉进了兔子洞，却和布达佩斯大饭店相遇了，而爱丽丝里的兔子不知被谁挂在了另一道墙上。俗得不得了的

감내카페
GAMNAE CAFE

사막여우 공사중
만지면
위험합니다.

爱心锁在文化村里也存在，只一转头，却见一对情侣如墙上所画一般握手相吻。而真正让游客疯狂排队打卡的是小王子瞭望点，小王子眺望着整个村庄，等着他的玫瑰花，还好，他有小狐狸相伴。

瞭望点边上售卖冰冻糖果，是文化村里最受欢迎的甜点。经营者是一对夫妇，丈夫制作糖果，妻子在一旁忙着收钱。冰冻是用干冰，在主干道上，老远就能看到干冰飘出的烟雾，为了防止冰冻的糖果遇热融化，客人付完钱后，丈夫就会把糖果直接送进客人的嘴里。

如此童话般的美好，自然也吸引了不少来这儿取景拍照的韩国新婚夫妇，穿着韩服，他们成了路人眼中极美好的风景。

文化村的地图上，详细地标出了每一处艺术家的创作所在以及创作意图。有些需要自己探索才能找得到。比如透明人的雕塑，在一块人像白板上画出文化村的背景，背景与雕塑融为一体，象征人类与自然和谐共处；还有天使的翅膀雕塑，仿佛指引着游客飞向心中的梦想。

咖啡馆文化

在欧洲，一个城市的咖啡馆就是这个城市的精

神象征，是小众文化的聚集地。

一座咖啡馆可以经营上百年，期间不知会发生多少故事。萨特喜欢在咖啡馆里写作，罗琳在咖啡馆里获得了魔法世界的灵感，巴尔扎克可以把咖啡当水喝。一座咖啡馆的历史甚至就是这个城市的文学史，而在釜山，小众咖啡馆之多，也足够构成一大城市看点了。

釜山的咖啡馆有三个特色：第一，数量多。在主要商业区，十步一座咖啡馆不是虚言，比如海云台渔场一带，比如釜山电影节的步行街一带。第二，网速快，釜山咖啡馆的网速是业界良心，在我到访过的那些小众咖啡馆里，那时还没有5G网络，但坐两个小时差不多能下载30集电视连续剧，而且国内

外的社交网站都可以登录，简直是游客福音。第三，有特色。许多城市也有很多咖啡馆，但基本是大型连锁咖啡馆一统天下的局面，比如星巴克，比如Costa。而釜山，称王的是本土连锁咖啡馆，比如天使咖啡馆。小众咖啡馆更占据了特别大的比例，如果你想找开咖啡馆的创意，釜山绝对值得踩点考察。

卡通与书咖啡馆。坐落在札嘎其市场对面的电影大街，一栋百货大厦，有10层。这是个不起眼的位置。

一层是优衣库大卖场，二三层是麦当劳，这两家用巨大的广告牌遮住了整个楼层，不细心的人根本不会留意到十层还有一家这样的咖啡馆存在。也是一次偶然机会，我看到了大厦一层的楼层告示牌，并决定去拜访一下。

到的第一件事情是脱鞋。每个人拿到柜子的钥匙，每一个数字对应一个顾客。收费采取包时制，当然网络免费，全 iPad 点餐，我点了一份草莓奶昔。书桌都是原木设计，除了平常的书桌，还有上下两层的小包间，这个贴心设计，让来的读者可以躺，可以睡，用各种姿势舒服地看书。

这个咖啡馆的主题是卡通书，自然所有的藏书都是以卡通书为主，而且非常丰富。我简简单单地翻了翻，这里主要以日本韩国的漫画书为主，还有不少中国台湾的书，不过是韩语版本的，鲜有英文版或中文版。

咖啡馆的设计基本充分利用了整个空间，而且照顾了所有“姿势”的看书人群。喜欢躺着或者睡着的就去小包间，喜欢有桌子的就去书桌，喜欢坐着看的就直接坐台阶上。

看到七龙珠的全套真是让我兴奋不已，还有柯南全套。国内长春出版社的中文版柯南，我作为一个柯南迷基本是每本必买。但是因为翻译和印刷等问题，时间总会滞后一些，没想到在这家咖啡馆里居然找到了最新本，我赶紧利用两个小时将它看完。虽然看不懂语言文字，不过光看图画，也能明白个七七八八。

我以为这么偏的地方人不会很多，谁知，过了中午，这儿就陆陆续续有越来越多的人到来。有姑娘一来就拿下整套最游记，那该是有多喜欢这个系列呀。

这样坐着看一下午，实在惬意，也是打发时光的好去处，小包间里还备有贴心的毯子。

在看书之余，我向店员打听这座咖啡馆的历史故事以及他的老板的故事。我用有道词典，他用谷歌翻译，一句一句，知道了大概。店员不愿意多透露，只说老板很神秘，是个动漫发烧友。是呀，如果没有对动漫的热情，怎么能开出一家藏量如此丰富的卡通书咖啡馆呢？而且，据我观察，咖啡馆里，有不少书还是卡通界的珍本和孤本。

个性和梦想，这不就是小众咖啡馆最重要的元素吗？

来釜山旅游，可以偶遇一个小众咖啡馆，说不定，它会给你打开一个新世界的大门。

逛市场

“看到那条大船了？我儿时的梦想就是当一名船长，开着那样的船。”

“什么时候的梦想呀，怎么没听你说过？”

“很久以前了。”

这段对话来自《国际市场》电影的开场白，男主人公德秀与妻子的对话。德秀像所有那个年代的男人一样，为了养活一家人，什么都干，当兵，下海，最后来到了釜山的国际市场，成为了这成千上万的小店铺店主中的一员。

釜山，这个自带双城的城市，海水浴场一带就像青岛，而国际市场一带

像极了义乌，小商品市场的海洋。到达釜山，几乎没有人会错过国际市场。

与其说它是一个市场，不如说它是一个城市区域经济块。国际市场区域可以看作从沿海的札嘎其市场出发，到釜山电影节广场，再到国际市场以及后方的宝水洞书房街的整片区域。

在这个区域里，云集了上千万的小商贩，日用品都可以以很低的价格购得。网红们来了这里，不仅能整容，还能顺便进个货。这里卖的东西是不是从义乌进口的，曾一度成了困扰我的问题。步行街周围都是街头小吃，韩国的特色炒年糕、饭团、水滴打糕，还有各种鱼干。房屋也都是中国20世纪70～80年代的风格面貌，充满浓郁的烟火气息。

札嘎其海鲜市场的一、二层是海鲜专区，一楼生鲜，二楼干货。市场里

有各种螺肉、海胆，一个铺位一位店主。与如此接地气的市场相反，海鲜市场的顶楼是一个青年旅舍，文艺安静，带一个露天平台，可以远眺釜山大桥和整个釜山。

从札嘎其市场出来，过街，便是国际市场了，正值午饭期间，下了一点雨，白色塑料雨棚撑开，丝毫抵挡不住游客们和当地人们吃午饭的热情，有紫菜包饭、辣炒年糕，直接找一个座位坐下，就可以开动。小摊里的鞋子随便叠，包包随便挂，在国际市场逛个大半天不成问题。

国际市场逛完以后，就是仅隔一条街的宝水洞书房街，看到一个搬书的大叔铜像，就是了。宝水洞书房街的历史略带悲伤，20世纪80年代，韩国的出版业遭到打击，市场萎靡不振，许多老一代的出版人都聚集在此，由此形

成了书房街。这一条书房街不长，也就100米左右，却是书的海洋。如果要淘特色书，当然来这儿最好，各种旧书堆叠一起，找起来需要费一番心思。书店里也有老字号，韩文版的《三国志》被放在书摊的醒目位置，它的旁边是卡耐基的成功学，我略沉思了一下，想来，这里书的摆放，也是根据受欢迎程度和影响力来的吧。

在书房街快走到尽头的时候，有一条分岔路，顺着分岔路往上走，竟又偶

遇了一家卡通咖啡馆，一个与真人等身的匹诺曹的雕像，就坐在咖啡馆房屋上方，看着脚下这座充满人间烟火气的城市。

文化村、咖啡馆、国际市场，还有电影、海水浴场，每一个元素都可以被深入探索。釜山，是一个值得来一次的城市。

Part 2

洲际 / 越洋航线 Transpacific

旅行有着鲜明的季节性，邮轮旅行也不例外。
随着淡旺季的变化，邮轮公司会对自己旗下邮轮航线
和船只布局做出相应调整。

10 月末，北半球天气转凉，黄金公主号邮轮离开中国航季，转入澳大利亚航季。

中国上海—中国香港—越南胡志明市—越南芽庄—印尼巴厘岛—澳大利亚达尔文港—澳大利亚布里斯班—澳大利亚悉尼—澳大利亚墨尔本。

28 天的航程，跨越太平洋，这样的航线被称为 Transpacific（跨太平洋航线），同理，那些从欧洲地中海航线跨越到南美洲航线的被称为 Transatlantic（跨大西洋航线），而他们也被统称为 Repositioning（换季航线 / 转移位置的航线）。

越南　芽庄
Vietnam Nha Trang

剖开青木瓜，一瓢洁白的瓜子，闪着珍珠样的光彩。幸福注定是她的。

——陈英雄《青木瓜之味》

对于越南的最初印象，就来自这部电影。

故事围绕着一个叫梅的小女孩展开，一系列的长镜头、空镜头、蒙太奇的交错，让整部电影充满了诗意。微笑的佛头、青蛙的鸣奏、知了的聒噪、木瓜树上缓缓流下的乳白汁液引来湿热里忙碌搬东西的蚂蚁，充满东方式的古典美感。

青木瓜是越南最有代表的植物，传统安静的越南人家小院和街道边，随处可见的都是青木瓜树。青木瓜的枝叶茂盛浓绿，相对于湿热的越南，充满了清新的美感。

梅就像越南的青木瓜，也像千千万万越南的传统女子，我曾经在脑海里描摹过梅的形象，直到看到一张标号 LTA 167的黑白照片。

一身白色的奥黛，双手提着越南斗笠，轻轻倚着门，微微低头，含蓄，

不知在思考着什么，这个少女不就像极了梅吗？

拍下她的人，叫郎丹（Long Thanh）。郎丹是越南有名的黑白画作大师，他善于通过抓拍表情和细节来反映人们的内心和生活。在拍下照片之后，通过黑色画笔在冲洗后的照片上进行简单的后期加工，笔法细腻。画作的主题通常是越南本土人的日常生活。

这些画作根据照片拍摄日期的远近、画幅大小以及后期修改的难易程度，价格在几百至几千美元不等。如果有幸，不仅可以在这个艺术画廊欣赏到近百张摄影画作，还能看到郎丹现场作画。如果投缘，他还会介绍照片背后的故事。

但那天的我，不够幸运。郎丹叼着一个复古的烟斗，穿着白色棉背心，坐在店铺前的台阶上，看着远方。我看看他，想着自己也不会说越南语，便不再打扰。

在越南芽庄的回忆，竟然是郎丹的个人画廊给我留下最深刻的印象。

婆那加占婆塔，没有；钟屿石岬角，没有；泥浆浴和珍珠岛，更没有。

28天的长航程对于邮轮游客来说，是真正能感受到什么叫作船就是目的地，但对于海乘而言，则是无法尽兴的旅行。从上海来的这一路，香港被IPM（留船办公），胡志明市离港口太远，好不容易等到了芽庄，却是一个Tender port（接驳港），需要坐接驳船前往码头，无疑又缩短了游览的时间。

一路走走停停，满目所见，仿佛到了一个20世纪低配版的三亚。但很快，道路两旁被修建得像蘑菇云一样的行道树，提醒着我这座城市的个性。

城市老区里的居民区透着一股土洋结合的味道，两层的房屋，有着肉眼可见的区分度，下层像是个棚户区，灰色水泥的原始胚子，不加装饰，开店

的，卖水产的，直溜溜摊给路人看。上层居住区则是地中海式的窗户，五彩缤纷，青绿色的隔壁是嫩粉色，湖蓝色又和柠檬黄对望着，三角梅绕窗攀援，有情调的家庭，还会在阳台上豢养小黄雀。

如果走累了，可以喊上当地的黄包车代步，他们会很热情地招呼你“one dollar，one dollar”（一美金，一美金），但等到下车的时候，总是要多付一个0的。

穿越赤道

Crossing the Equator

到达南极和北极，或者攀登世界第三极珠穆朗玛峰都是值得纪念的事，但是对于海员来说，还有一件事也具有相当大的地理意义，那就是——穿越赤道！

在从中国航季前往澳大利亚航季的途中，邮轮一路向南，我就经历了这非凡的邮轮上特有的纪念穿越赤道的活动。

早在穿越赤道的前一晚，一纸通知就塞进了我的房间里，纸是被偷偷从门缝里送进来的。大意如下："恭喜你，在明天的穿越赤道活动中，你已经被选为 pollywog（蝌蚪），你将接受海王星国王和女王的审判（此处一语双关，既指国王女王的名字，也指活动的地点在公主邮轮的海王星泳池畔），如果不来，后果自负。"纸条的标题旁边还画了一只女巫。更有趣的是，我当日的日程表里，经理还特别友善地注明了"wear the cloths you will never want"（穿上你以后都不再需要穿的衣物）。

后来我才知道，这是邮轮穿越赤道时的传统活动，船员们会扮演海洋统治者海王星国王和他的妻子安菲特里特皇后，国王手持三叉戟权杖，头戴

皇冠，让全船的人在进入深海的古老仪式中顶礼膜拜，祈求平安。航运传统上把穿过赤道的叫“老水手”（shellbacks），没有穿越赤道经历的叫“蝌蚪”（pollywogs）。

我预感到有什么大事要发生了，赶紧请教我的室友安娜（一位在邮轮工作了五年的巴西姑娘，邮轮摄像师）：

“I do not think you will enjoy it.” Anna 如是说，“please use any equipment you can use，I saw the event before，trust me，they will throw everything on you，and the participants were so smart，they will wear anything to protect themselves，just like a carnival.”（我不觉得你会喜欢，你可以选择用一些装备，我之前见过这个活动，相信我，他们会往你身上扔各种东西，那些参与者都很

聪明，会穿各种东西保护他们自己，这活动就像个嘉年华一样。）

一听是嘉年华，我就明白了，因为西方的嘉年华无非三种要素：化妆、游街、扔东西。事实证明，我的预感是对的，这三样，一样不少。

穿越赤道是邮轮的传统活动，如果游客选择的航线跨越了南北半球（通常是从亚洲到大洋洲的航线），那么就有机会体验到。

印度尼西亚 巴厘岛

Indonesia Bali

原来这个岛有这么大啊!

印尼被称为“千岛之国”，而巴厘岛又是印度尼西亚一万七千多个岛屿中最耀眼的一个岛，被称为“赤道上的翡翠”。不仅是中国大多数人都想去的著名旅游胜地，更是印尼人民人人都要去的地方。作为越洋航线里为数不多的高期待值目的地，还没抵达，我就已经做好攻略，什么海神庙，什么乌布梯田，什么乌鲁瓦图断崖，还有金巴兰海滩统统都要打卡一遍。

但是从到港到离港，减去工作时间，掐指一算，满打满算只有四个小时，从港口打个车到库塔市中心就用了

20分钟，于是，目标就被缩减成了逛一圈库塔市中心，囧。

但第一次遇见印尼文化，居然深感Culture Shock（文化冲击），最大的震撼来自宗教。

巴厘岛上到处可以看到印度教神庙，与中国的佛教寺庙不同，这里印度教神庙很少有“大雄宝殿”式的高大建筑，更多的是小小的只能容几个神龛的“亭子”，或者是由石材建造的不高的神塔，从台基到顶部的整个庙宇都布满了雕刻，花纹繁复多样，装饰花纹以鲜花为主题的最多；还有神墙，神墙基本会在中间留下供人通行的通道，看上去像是被一刀劈成了两半。椰子树是这里的神树，所以巴厘岛的建筑物都只有四层高，因为任何建筑都不能高过神。

摄影团队里的巴岗就是印尼人，老早就听他提起，巴厘岛是一个敬神敬到最高境界的地方，巴厘岛无物不是神，神无所不在，所以虔诚的一天三拜地供神敬神。

对于这种敬神文化，最初的感受来自嗅觉，进入人烟渐多的市中心，与之相伴的是一股越来越浓的香气，不醉人，不刺鼻，很醇厚。这香气来自贡品上的香，数以万计的贡品，散落在这个城市的各个角落，有可能在路边的棕榈树下，有可能在房屋前的墙角下，更多的是在一座座神塔下、神庙前，而神塔神庙又无处不在，几步一遇。

经过库塔市中心的一片神庙群，偶遇一位当地妇女。她手抬一个大银盘，上面放满了各种贡品，贡品是用椰子树叶做成的托盘，采摘几朵三角梅、龙船花还有鸡蛋花的花瓣，还有些不知名香草放入其中，撒上几滴清水，有些还会放上米粒。一盒盒摞起来，总共三层，目测有几十个，每走一段，她就蹲下，放下一个贡品到路边，放到任何她认为有神的地方。跟着她的脚步，进入神庙群，却发现，里面如她一般的当地人竟有这么多。原来，信仰，就是当地人的生活。

这个岛还俘虏了我的胃，只用了一道甜品——红豆粥。

赤道的阳光不是开玩笑的，午后走了一圈我就乏了，急需一份甜品续命，就进了一家印尼菜餐厅。桌椅都是原木质地的，桌上的装饰品是一小把水稻苗。

甜品上桌，托盘上的餐垫是一片剪成的圆形大芭蕉叶，红豆粥盛在一只土陶做的碗里，还有一碟鲜牛奶，一碟

香草冰淇淋和一颗草莓作为辅食，一碗红豆粥，也可以有如此仪式感。牛奶倒入粥里，一勺粥配一勺冰淇淋，吃完后，再用一口草莓清嘴。软糯、清凉、香甜，难怪那么多游客慕名来巴厘岛学习印尼菜，可惜留给我的时间太少了，来不及品尝一道正宗印尼正菜，这遗憾只能留到将来弥补了。

Part 3

澳大利亚与南太平洋群岛航线

Australia & South Pacific

某天涯海角，某个小岛，某年某月某日某一次拥抱，
轻轻河畔草，静静等天荒地老。

——周华健《忘忧草》

择一城以终老，择一岛以忘忧。南太平洋的小岛，简单，原始，丢掉所有的计时工具，还你一个地老天荒。

澳大利亚 悉尼

Australia Sydney

"It is one of my favorite ports."（这是我最喜欢的港口之一。）意大利船长蒂诺萨卡尼向全船人员热情地广播着。

如果说悉尼是全世界最美的城市，可能很多人会提出异议，但要说悉尼港是世界上最美的邮轮停泊港口，也许就没什么反对声了。

因为悉尼港的位置实在太好了！吨位适中的邮轮可以直接驶进悉尼港 U

型港湾（circular bay）。

起床，上甲板，悉尼歌剧院咫尺在望；走上15层船尾，海港大桥触手可及；若登上船头，俯瞰处即是海港公园。

第一次到达悉尼港的我，就被这美景震撼，加上蓝天白云的天气，短短三个小时休息时间，全花在港湾边散步，绕着U型港湾来回走了两圈，越是美的地方，越是想浪费时间。

11月，一树树的蓝楹花已经盛放，簌簌落下，树枝投影到地上，闪动着一幅幅抽象画；当地人就坐在这花瓣毯子上聊天喂白鸽，小孩子盯着鸽子看不停，兴致一起，甚至会追着白鸽小跑，他们的父母并不因此恼怒，就在一旁嘻嘻笑着；街头歌手在海港边驻唱；海港公园里，还有当地居民半裸着上身玩拳击，而远处则是悉尼鳞次栉比的城市高楼景观，但要走近，却也免不了上坡下坡，始知，悉尼竟也是个小山城。

紧邻海湾的一带，是悉尼甚至是澳大利亚最古老的区域——岩石区（the Rocks）。通俗地来讲，有点像悉尼的老外滩，这片区域不大，就两条街，所有的建筑都是欧洲风格的古建筑，与海湾对岸的现代玻璃墙森林形成了鲜明对比。路口的电线杆绑着一辆复古自行车，上面放着岩石区的旅游地图，游客可以免费取用。

澳大利亚刚被发现的时候，船只陆陆续续来到悉尼港，商人、船员各色职业人等都聚集在这里，贸易以及文化也应运而生。而现在，这里则成了热门旅游区，聚集了许多小众的复古店铺，耐心些，每个店铺都能淘到不少精致好物，比如做成草莓蛋糕形状的香薰香皂，但是做成这样的形状后，谁还忍心

用呢？

停靠悉尼的那天正好是周六，当地人支起白色帐篷，开始周末集市，最火的摊位是撸串烧烤摊。烤鸡翅，烤鸡腿，撒上孜然粉和肉桂粉，真是全球统一的美味。

瓦努阿图 香槟湾

Vanuatu Champagne Bay

“这里大概是我记忆中最适合吃龙虾的目的地之一了”，摄影部经理月亮小姐如是说。

“Lobster，Lobster”（龙虾，龙虾），邮轮还没有下锚，就已经听员工们私下反复念叨着这个单词，配上一脸美滋滋的表情。

经理口中的吃龙虾圣地就是瓦努阿图的其中一个停靠港口——香槟湾。因为龙虾好吃出了名，很多外国游客就干脆直接叫它龙虾湾。这个岛，大概是太小了，打开瓦努阿图的地图，都找不到这个岛屿的准确位置，除了邮轮，没有其他方式可以抵达。

龙虾湾名不虚传，一到港口，奶粉状的沙滩边上就是一个个虾笼，虾笼一半浸入海水，当地人会在早晨出海捕龙虾，捕来的龙虾就放在笼子里以保持新鲜，之后如果游客需要，再一只只拿出来售卖。

凑得虾笼近些，还可以看到龙虾们在笼子里悠闲地练太极。除了龙虾，还有肥美的红蟹，挥舞着大螯和龙虾竞争有限的地盘。每只虾笼都属于不同的人家，当地人默契地遵守规则，互不争抢。

正当我仔细观察着，一个当地人就走了过来，提着个塑料桶，一把从虾笼里抓出一只来，徒手抓！这龙虾至少有半只胳膊长，还等什么，赶紧跟上这个当地人的脚步。

不一会儿就到了岸上卖龙虾的固定点，芭蕉林前搭着三四张长方形拼在一起的木桌，桌后是一排土灶，灶上架着一只只锅，只见售卖龙虾的当地人一字排开，粗粗一数五六家的样子，捉来的龙虾和红蟹放在木箱子里，一个木箱子代表一家，木箱子里还放有柠檬去腥。满满一木箱子的龙虾和红蟹，卖完了就直接去自家海滩边的虾笼里再拿一波。当地人根本不需要叫卖，邮轮上的游

客早已经将桌子团团围住了。

没有秤，无论重量，就看大小，完全凭卖主的经验和厚道，价格从10澳元到50澳元不等。澳龙啊，澳龙啊，在这里居然最低只要10澳元！据澳大利亚的游客们讲，同样大小的龙虾在澳大利亚的价格一只是100澳元起，价格差别如此之大，难怪澳大利亚的游客挑得起劲，挑自己中意的，一只只比较。果然，吃货不分国籍。

10澳元的龙虾，大得已经够三人份的量了，卖主把我挑中的龙虾拎起来，放在我面前上下比划，看着那扑腾的爪子，目测这龙虾伸个懒腰的长度都有我

两个头长了。

买家选择完毕，卖家就直接把龙虾丢进锅里，锅底下支着柴火，水已经烧开，就是这么原始的烹饪方式，接下来是静静的15分钟的等待。

当地的卖家非常实诚，因为一个锅里会同时放好几只龙虾，所以他会催促游客们到锅旁边等着，防止把龙虾拿错。我心想，15分钟，先去逛会儿海滩再回来也不迟啊，谁知刚走两步，卖家就喊起来了“Hi come here，your lobster is here，please wait for 15 minutes.”（嗨，过来这里，你的龙虾在这儿，请等15分钟。）

龙虾煮好，就直接被卖家送上案板，在取龙虾的时候，卖家还会再和你确认一遍这只龙虾是不是你的。其实哪管那么多，这个时候，买家眼里只有披着鲜嫩红铠甲的龙虾了吧。

好戏开始，卖家开始使用庖丁解虾秘籍。先用剪刀卸掉虾脚，然后给龙虾来个“马杀鸡”，敲击龙虾全身两分钟，一边敲，一边香味就已经溢出来了，这个场面有些残忍，龙虾里的各种体液都会往外溅出来，等到壳和虾肉差不多

松脱了，就用小刀除去虾壳，将虾肉一块一块取出来放在芭蕉叶上。最后切开两块柠檬，将柠檬汁浇在虾肉上。整个过程一气呵成，刚好5分钟。

托着芭蕉叶，龙虾汁会顺着叶子纹理流下来，煮熟的龙虾肉呈粉红色，配上芭蕉叶和柠檬的绿，非常诱人，红配绿原来可以如此性感，充满纯纯的肉欲和食欲！龙虾的虾肉很有弹性，Q弹Q弹的，浇上柠檬汁以后是原汁原味的鲜。游客们人手一只，直接找了个小木桌，几个人围坐在一起大快朵颐。沙滩上遛弯的狗狗会跑来舔食游客丢下的或有意投喂的龙虾壳，一顿美餐以后，就懒洋洋地躺在沙滩上晒太阳，吃澳龙长大的狗算不算狗生赢家？

其实，有时候一道菜是否好吃，除了色香味意形养，还和人数、风景有莫大关联。家常菜比不上大锅饭，吃的是个人气；家常红烧牛肉比不上五星级酒店的菲力牛排，吃的是一个氛围。而在香槟湾吃龙虾，获得了人数和美景的双双加持，美味指数自然也呈几何级数上扬。

饱食龙虾后，悠哉悠哉漫步在奶白色的海滩，当地的孩子们玩着传统的沙堡游戏，海湾中部是一家酒吧，也是这里唯一的一家，可以点饮料和酒。浅滩处泊着特色观光木舟，坐上这木舟，可以在近海观光，观察海底的生物。海滩上还搭着一片草棚房子，是当地的小商铺，售卖各种特色木雕木舟纪念品和当地的特色印染织物。最让我意外的是，在香槟湾居然有一个蓝色铁皮捐书箱，在近乎与世隔绝的海岛上生活的人们竟也没放弃对知识的渴求。

瓦努阿图 神秘岛

Vanuatu Mystery Island

我曾经在美国国家地理的杂志上看到了一张瓦努阿图的照片，海水清澈，坐在木舟上的土著小孩望向海面，能看到自己清晰的倒影。到了瓦努阿图以后，我明白，美国国家地理诚不我欺。

周华健歌中的忘忧小岛，完全就是神秘岛的模样。因为地理缘故，神秘岛比东南亚和非洲岛屿都要更难到达，没有大规模旅游开发，在让游客可接纳的同时，这个岛屿依然保持了它的原始性。和香槟湾一样，因为是海岛目的地，没有邮轮港口码头，便只能由接驳船前往。

神秘岛作为一站，虽然名字是神秘岛，但其实一点也不神秘，这个岛屿很小且狭长，一小时能环岛一周，而且是步行。虽然岛屿很小，却拥有自己的机场，不过没有跑道，直接停在岛上稍微平坦些的草坪上。整个岛很安静，最好的事情就是在这儿浮潜以及做各种海上运动。潜水观光，成人每位15美元，超级实惠。

在神秘岛的一角有个小文化村，当地的人们会给游客们编土著辫子，主要材料是彩色绳子和彩色塑料珠子，男性还可以选择编胡须。还有用尼龙塑料绳编成的草裙，可以给孩子们穿着跳舞玩。在这个岛上，其实什么都不做也很好，只要看看海，吹吹风。当地人设置了一些有趣的“玩意儿”，不至于让游客互相比赛谁发呆时间更久。比如，写着神秘岛三个字的大锅明显就是专门为游客合影准备的，仿佛一言不合，当地人就会把你丢进去煮了。岛屿“马杀鸡”也很受欢迎，只不过这里的“马杀鸡”很普通，并无什么神秘之处，岛民还开发出了自己的特色烤芭蕉片，口感很脆。

这里的土著小朋友分两种，一种身穿当地特色装扮，他们是可以和游客合影的，2美元一位。另一种就是当地的普通孩子，他们穿着T恤短裤，会和游客毫无顾忌地玩耍。爬树和拿芭蕉叶荡秋千是他们的传统活动，来劲儿了就在沙滩上跑来跑去，玩累了就爬到树上休息看海景。他们皮肤黝黑，有时候还淌着鼻涕，但是一双乌溜黑的眼睛最是抓人，分明写着无忧无虑四个字。

船员们也迎来了难得的欢乐时光，客房部的一众小伙伴们难得出邮轮来玩，在沙滩上摆出各种pose让我拍下这欢腾的瞬间。可每一张都有位穿绿背

心的小男孩实力抢镜，只要我一端起相机，就开始跑过来，不放过任何一次机会。但是他可不是熊孩子，当我拍完照离开一会儿后，惊觉自己的镜头盖忘拿了，一回头，只见这小男孩正跑在我身后，手里拿着的正是我的镜头盖，是他捡到了跑来交还给我。

Tips:

在这儿我遇到了一位会说中文的土著，早年在新加坡工作时学习了中文，说得非常流利，他告诉我，在瓦努阿图，中国人的数量竟然是仅次于当地人和大洋洲移民的。

新喀里多尼亚　努美阿

New Caledonia Nouméa

新喀里多尼亚到底是什么地方？——“南太平洋海岛新贵”“离天堂最近的岛屿”，都是它的头衔。18世纪的英国航海家詹姆斯·库克（James Cook）来了之后，觉得这里很像苏格兰，于是给它取名叫“新苏格兰”，而Caledonia就是苏格兰旧拉丁语的名称，新喀里多尼亚（New Caledonia）因此得名。

英国人发现了它，法国人殖民了它。1853年，新喀里多尼亚被法国占领，成为罪犯流放地。法国自由移民增多，并招来大批外籍劳工。同时又发现了储藏量世界第一的镍矿等稀有矿产，新喀里多尼亚变得十分富足，与法国的一些城镇并无太大差异。

贫穷限制人的想象力，富有限制人的改革力，新喀里多尼亚至今没有独立的原因就是——太富了。

首都努美阿三面环山，一面临海，繁华又浪漫，狭窄的街道和法式风格的建筑穿插于高楼大厦的城市各处，满满的复古法式情调。清晨，当地人的生活由一杯热巧克力或法棍开始，沙滩上三两行人成群，内湾码头里挤满了豪华游艇。但走进城市，人们穿着的浓郁“土味”与表面的“壕”又是那么反差萌。

当地的原住民卡纳克人，皮肤黝黑，身材偏胖，一件碎花棉布裙，一双人字拖，就直接上街了，在游客看来，这和穿着睡衣出门没什么区别。但再一看，周围的当地人都是这样的，想来，因为在岛国，人口少，交际圈小，周围什么熟人都门儿清，不必太刻意做形象管理，便放飞自我，实力诠释了"衣服是穿给别人看的"这一真理。

努美阿的中心，是游客和当地人都很爱去的椰林公园(Place des

Cocotiers)，内有广场又有大道。逢年过节或者周末，这里就是聚会的中心。手工艺品、织物、器皿的店铺应有尽有，有些摊位不允许拍照，估摸着是保护原创作品。混迹于集市，最容易感受到当地的风土人情，男人举着木桨，女人拿着蒲扇，在广场中欢乐起舞，沿路有不少高高竖立的木雕图腾柱，绘着卡纳克人祖先的形象和他们的生活，最突出的是船桨的图案，也显示出这个岛国人民对海洋的崇拜。卡纳克人通过音乐和绘画等艺术延续着传统，而外来文明也在经过碰撞摩擦后，逐渐在历史中与当地文化交融共生。在第二次世界大战期间，努美阿曾担任美国南太平洋军队的

总部。所以美军在这里做过很多基础设施建设，路上逛逛还是能时不时看到美国国旗或相关的纪念碑。广场附近还有个规模不大的中国城，整条街道很热闹，可仔细一问，发现开店的基本上都是越南人。

城内地势高低不平，超过45度的爬山坡不在少数，乘坐环城观光车到达山顶教堂可以俯瞰整个城市美景。到达山顶的时候，我发现摄影部的实验室经理费尔马也在，身为基督徒的他，左手攥着十字架，右手搭在教堂门外的铁栏杆上，嘴里默默念叨，不用问我就知道，他一定在思念那个叫璇的中国姑娘。

澳大利亚　达尔文港

Australia Port Darwin

1839年，著名的生物学家达尔文考察南太平洋，来到了当时依然是不毛之地的大洋洲，同行的船长便将登陆的这座城市以达尔文的名字命名。

从地理上来讲，达尔文港是澳大利亚北部的门户，也是从亚洲进入大洋洲的中转点。而对旅行者来讲，从达尔文港出发，便可以前往大堡礁探险，也是去里奇菲尔德国家公园（Litchfield National Prk）和卡卡杜国家公园（Kakadu National Park）的始发地。

"To us，Darwin is a Australian country town."（对我们而言，达尔文港就是澳大利亚的一个乡村。）一对来自悉尼的夫妇笑着对我说。

干净，是走进这座城市的第一印象。主城区不大，三横三纵，六条街。人少车少，楼房不高。

慵懒，可以概括当地人的状态，上午11点的光景，不是双休日，主干道的沿路咖啡馆和酒吧里已经坐满了人，有些人什么也不点，只是坐着看报纸，或是和朋友聊天，衣着随意简单。那些咖啡馆各有特色，有些一看就带有欧洲贵族血统，而有些则是地中海风情，建筑颜色直接蓝白橙，还有些走南美风情路线，装饰物夸张，也许正是这些有特色的咖啡馆都挤在了一条街上，反而成了达尔文主干道的特色。

达尔文港也是澳大利亚北领地的文化中心，这里出售的纪念品与众不同，最值得入手的是飞去来器。图案也都是由简单线条和波点组成的。

既然是港口城市，达尔文港也会依托港口优势发展经济，不是周末，但沿街的店铺都开着，有些商店门口还专门挂出了告示牌，只要是从邮轮来的顾客，买东西都可以享受额外折扣。

达尔文港的希尔顿酒店坐落在主干道的头部，高度在整个城市也是数一数二。沿着这有特色的主干道一路走到底，就是著名的鳄鱼洞穴（crocodile cave）。而这座城市也正是以鳄鱼而闻名。

去的时候已经过了能被称作学生的年龄，不能再享受门票折扣了，35澳币的门票费实在略贵了些。也许是缘分，去的那天，售票员是个看起来很友善

的中年男子，身材健硕，皮肤微红，圆肉脸，有点像哈利波特里剃了胡子的海格。

“Are you from cruise？”（你是从邮轮来的？）

“Yeah，How do you know？”（是呀，你怎么知道？）

“Are you a crew？”（你是船员？）

“Yes.”（嗯。）

“Half price! I have been on board as well. What is your position?”（给你半价，我也曾经在船上工作，你是哪个职位的？）售票员挑了一下眉毛，眨了一下左眼。

“Photographer.”（摄影师。）

“Great. I was a bar tender.”（不错，我是在酒吧调酒的。）

“May I know your name ? ”（你叫什么名字？）

“Eli, E-L-I.”（伊莱。）

售票细则里根本就没有给船员半价的规定，伊莱完全是给了我“特殊照顾”，35澳币的门票我只付了15澳币，我一看价目表，哈哈，这是给7岁以下儿童的价格。

在达尔文港，要观赏鳄鱼有两种途径：第一种，去野外，坐游轮往阿德莱德河（Adelaide River），游轮上的驯兽师会拿一块五花肉引诱河里的鳄鱼跳起来捕食，被游客们称为“crocodile jump”（鳄鱼跳）。第二种，便是来鳄鱼洞穴，这里其实是一个鳄鱼以及小型爬行动物博物馆，却有个迷你版的“crocodile jump”（只不过发生地点变成了水槽，鳄鱼也从野生变成了家养），以及让许多游客慕名而来的“死亡之笼”。

而我，也是为“死亡之笼”而来。

死亡之笼每天开放两场。运气不错，去的时间正好碰到一场。

游客在驯兽师的保护下进入笼中，当然因为笼子会放进水槽里，所以，游客们把能脱的衣服都脱了，驯兽师在游客开始与鳄鱼亲密接触之前，还会为游客拍照留念。

接下来，游客会顺着梯子进入笼子，笼子是塑料的，下方可进水。游客们戴上防水镜，驯兽师遥控笼子慢慢向水中的鳄鱼靠近。另一边，驯兽师取来一根长竹竿，杆子上挂着一片鲜嫩的五花肉，在鳄鱼栖息的上方不断“挑逗”。

澳大利亚的鳄鱼也和澳大利亚人一样慵懒，肉也吸引不了它，慢悠悠地挪一挪身子。探出头来又马上沉入水中，大概鳄鱼也怕晒吧。就是苦了两位游客，在笼中趴了许久，鳄鱼还是爱答不理的。

驯兽师在一边不断地敲竹竿，吸引傲娇鳄鱼，最后僵持了10分钟，驯兽师宣布放弃，把五花肉直接丢在水槽边上。谁知，驯兽师一丢下，鳄鱼就屁颠屁颠地游过去一口吃了，啊哈，看来鳄鱼的智商不低，早就已经对各种套路了然于心了。

虽然只看到了鳄鱼背对着张开血盆大口，但看参与的两位游客的表情，还是挺满意这次近距离观看鳄鱼捕食的经历的。

澳大利亚　塔斯马尼亚　亚瑟港

Australia Tasmania Port Arthur

1846年，隆冬，伦敦，大雾。

里士满桥边，一个13岁的男孩站在昏暗的路灯下，神色紧张。

男孩名叫彼得，手里紧攥着的是他从刚打烊的面包店里偷来的早已硬了的司康饼。

嘴巴里还留着司康饼的香味，鼻子却已经被路过的女爵勾了魂去。

嗯，好香，是玫瑰花的香味。

女爵把一条丝绸手帕放进小包里，那手帕从包缝里露出一角，上面绣着一朵五月玫瑰。

“这玫瑰怎么那么好看呢？好像让人感觉真的到了五月一样，如果我把这丝巾送给隔壁工匠的小女儿格里芬，她会不会答应这个周末陪我去海德公园玩呢？”

彼得蹑手蹑脚地从背后走近女爵，从那包缝里抽出丝巾，刚捏住一角。

“小贼，住手！”

警卫兵的断喝声绝了彼得的念头。

那时的彼得不会知道，之后的漫长时光里，他都要为这一时的念头而后悔不已。

两个月后，彼得被送往了澳大利亚荒地塔斯马尼亚的亚瑟港——臭名昭著的监狱。

故事很短，细节出自联想，而人物却是真实。

这个世界上有许多悲伤的城市，比如耶路撒冷，比如切尔诺贝利，比如长崎，亚瑟港也是其中一个。

两百年前的亚瑟港是当时大英帝国下属的监狱，那时的英国刑罚严酷，流放到这监狱里的人未必是犯了什么重罪，而这里对犯人的待遇却着实令人绝望。

亚瑟港地理位置奇特，三面环海，仅有的一处峡口窄小，士兵只要把守了这个峡口，犯人就出不去，这也是把亚瑟港作为监狱的原因所在。每年被流放来这里的犯人数量可观，渐渐地监狱发展成了一座城市，议会厅、政府大楼、教堂、医院、学校和邮局，市政设施一应俱全。又数十年过去了，因为种种不得而知的原因，监狱之城被迫废弃。

历史的循环往复实在吊诡，在监狱被废弃的100年后，亚瑟港再次让世人哭泣。

1996年的一天，一位叫马修的精神病患者突然跑到当时遗址区上的红箭咖啡馆，无故射杀了35名游客和当地民众，再次震惊了世界。

遗址之上再造遗址，令人唏嘘。

登上亚瑟港的小山坡，可以望见远处停泊的邮轮，而对面茂密的树林中就是红箭咖啡馆纪念1996年4.28惨案的遗址，遗址处是一个方形大水潭，每到遗址日，人们会将心愿化作纸鹤漂于水上。水潭边还有一块石碑刻着所有遇难者的名字。

而今的亚瑟港监狱已经成为了一处历史遗迹兼博物馆。每年来这儿的游客都会在进入时拿到一张扑克牌，每张扑克牌都可以在室内博物馆里找到一个对应数字，一个对应的犯人和他的故事，而我抽到的故事就是彼得，他的扑克牌是方块三。

刚到亚瑟港的时候愁云惨淡，就像电影《小岛惊魂》里的场景一样，而后晴空万里，晴天的亚瑟港宁静得像油画，没有人会想到这静谧小城背后的故事竟如此悲伤。

亚瑟港已经成了一个遗址公园，留下的都是断壁残垣。曾经的护城河，河水清澈，倒映蓝天。站在碉堡上，感受的是曾经士兵监视犯人的视角。剩余的房屋多为石质结构，山坡上的遗址，原本是监狱里的洗衣房。曾经的教堂，现在只留下外壳。在教堂遗址旁边的小屋内，仍有修女日夜祝祷。

主城遗址中的隔间曾经都是犯人的房间，现在都是游客驻足凭吊的地方。犯人的房间很小，一张床，一个简单的桌台和一个水龙头，仅此而已。监狱里，女犯人比男犯人更令人同情，入狱的时候，女犯人从头都脚，要把所有体毛都剃光，这简直是一种耻辱。情感丰富的女犯人在闲暇之余就在自己的身体上刺青，以此强调自我的存在。

在遗址博物馆的旁边还有一个巨大的花园。当年，大多数的犯人在关押

之余都会被教授技艺，最多的便是伐木和园艺，现在在遗址公园内看到的高大树木和花圃都出自当年的犯人之手。

在听过了诸多悲伤故事以后，可以尝一下当地的特产纯手工巧克力 Fudge 平复一下心情。而在纪念品中心，还有一样东西值得购买，那就是博物馆里陈列的所有52张扑克牌的关于犯人的全套故

事。博物馆里的陈列只讲述了他们在狱中的生活，如果你对他们的后续故事感兴趣，就不要错过这本故事集。

我翻开了彼得的那一页：

来到亚瑟港后的彼得必然保持着那个年龄的男孩子固有的调皮捣蛋的本性，老师上课基本不听。更有甚者，竟然拿小石块砸向老师。作为惩罚，彼得被关进了教室的一角，用铁栅栏隔离，整整两天。

彼得长到25岁，终于盼来了刑满释放。他被送到了塔斯马尼亚的首府霍巴特的一家伐木场。

伐木，这是他在漫长监狱生活中学会的唯一技能。

可惜，好景不长，因为和他会同样技能的人实在太多了，而你知道的，他们，都来自同一个地方。

唯一的竞争力相当于没有竞争力。

生存的压力最终让彼得再次重操旧业——偷窃。

在一个心灰意冷又百无聊赖的午后，彼得打劫了一家钟表店。

结果是，他又再次回到了亚瑟港。

第二次出狱以后，彼得去了哪里又或者做了什么，再也没有人知道，没有任何记录，故事也没有了下文。

来亚瑟港旅游，不妨花重金请一个地导，因为他会生动地为你讲述一个个在岁月长河里早已经被人们遗忘却又实实在在发生过的令人唏嘘的监狱故事。

Part 4

巴拿马运河航线　Panama Canal

在加勒比海，人们看着邮轮缓缓驶过巴拿马运河。

“你知道明天几点能看到巴拿马运河吗？”

这是在巴拿马运河航线中被问得最多的问题。

答案是：不知道。

是的，不知道，连船长都不确定，更何况是船员。

参观巴拿马运河时最特别的体验就是：一切都是不确定的，一切都要听指示。

巴拿马运河
Panama Canal

上千艘货轮和客轮每天往返于巴拿马运河，但运河只一条，出入船只必须排队，一切要听巴拿马运河管理处的人员调度安排，进入运河的时间有时候会差出2个小时，有时6点，有时8点，船长也只能等到进入运河前才能收到确切消息，穿越运河的当天，邮轮上的一切活动都要等待驾驶台的广播指示。

到达巴拿马运河的当天，早早起床，打开房内的电视机，调至驾驶台频道，就可以看到当前邮轮的所在位置。当运河渐渐出现的时候，就可以跑到邮轮的各层露天甲板上观看这人类的伟大工程了。

“巴拿马运河是人类勤劳和智慧的伟大结晶，自17世纪西班牙人来到巴拿马地峡，要以河道连通大西洋和太平洋的想法便产生了。不过，由于经济和疾病原因，这个想法一直被拖延。1903年，巴拿马独立，与美国签订合作协议共同建造运河，于1914年竣工，并且由美国负责管理到1999年。1999年12月31日，巴拿马正式接管了运河的运营、管理和维修等全部工作”。

随着邮轮渐渐驶入运河，驾驶台开始向全船广播运河的历史以及运河周围的环境。

参观巴拿马运河分为半通航（Part Transit）和全通航（Full Transit）两种。要通过巴拿马运河，从大西洋到太平洋，全程有三道水闸，分别是加通水闸（Gatun Locks）、佩德罗米格尔水闸（Pedro Miguel Locks）和米拉弗洛雷斯水闸（Miraflores Locks）。

半通航意味着只通过其中一道水闸再从水闸原路返回。半通航的邮轮线路通常是以7～10天为主，如果走大西洋端，一般以美国南部城市迈阿密或

者劳德代尔堡为母港，与加勒比海线部分重合，通过的是位于加勒比海端的加通水闸。如果走太平洋端，一般以美国西部城市洛杉矶或者圣芭芭拉等为母港，与墨西哥航线部分重合，通过的是米拉弗洛雷斯水闸。

全通航便是通过整个巴拿马运河，从大西洋驶进太平洋，反之亦然。也因此，通常全通航的巴拿马邮轮线路始发点和终点是不同的城市，比如从迈阿密出发到洛杉矶结束，航线时间至少15天。另一个区别在于，如果是半通航，邮轮通常会在巴拿马的城市做短暂停靠，一般加勒比海端会选择科隆，太平洋端会选择巴拿马城，而且游客会中途下船，邮轮上有巴拿马的陆地观光线路可以供游客选择。而全通航，邮轮则不会在巴拿马做任何停靠，因为通过整个巴拿马运河就需要花去整整一天的时间，游客就待在邮轮上参观过运河的整个过程，全程欣赏运河两岸的风光，听驾驶台的广播讲解。

与中国的京杭大运河一样，修建运河需要打通两地之间的水道。而巴拿马境内正好有一个巨大的内陆湖——加通湖。在此基础上，在太平洋一端又开凿了一段狭长的库莱布拉水道（Culebra Cut），自此，大西洋与太平洋之间的水路就形成了。但问题是，加通湖比海平面高，要让船只在这高度差之下平缓过渡，于是就有了三道水闸的设计。

以加通水闸为例，运河的水闸靠加通湖、阿拉胡埃拉湖和米拉弗洛雷斯湖等各湖的重力水流运作，这些湖的湖水是由查格雷斯河及其他几条河流入的。各水闸的长度、宽度和深度均一致。每组水闸都是成对的，每一道闸有两扇门，由安装在闸墙凹处的电动机驱动。门扇的开合、闸室的充水和放水则由船闸闸墙上的控制塔操控。

在第一道闸门打开前，邮轮会先停一会儿。水道两旁堤坝上的工作人员开着机动车用链条拉住邮轮的头部，由机动车牵引进入闸道。此时，第一道闸门与第二道闸门之间的区域开始放水，直至与海平面齐平。

邮轮驶进第一道闸门的时候，最佳的观赏点在邮轮甲板7层，因为此时7

层甲板的高度刚好与旁边的堤坝高度相同，而邮轮7层通常是邮轮放置救生艇的位置，也是露天甲板，因此，可以很直观地看到堤坝上的一切建筑物，如瞭望塔、瞭望台等，还可以与堤坝上来回走动的工作人员亲切地打招呼，他们也会热情地回应。

邮轮驶进以后，第一道水闸便开始慢慢关闭。邮轮会停在第一道水闸和第二道水闸之间，此时，蓄水池开始蓄水，水涨船高，从7层甲板看堤坝上的灯塔，从仰视变成平视，看工作人员，从平视变成俯视。这个过程会用去较长时间，直至水位与第二道闸门和第三道闸门间的水位持平。

"大家往右侧的堤坝看，有两位身穿蓝色 Polo 衫，头戴橘色安全帽的工作人员，他们是我们的邮轮摄影师和摄像师，大家朝他们挥挥手。"

作为邮轮摄影师，这一刻我的内心是自豪的，而过巴拿马运河的这天，也是摄影师们存在感最强的一天。每次过巴拿马运河，都会有一位摄影师和一位摄像师被选中，这两位要在当天5点起床，6点跟随引航员进入巴拿马运河的堤坝等待邮轮入闸，然后用摄像机、照相机、Gopro 全方位地拍摄记录整个过程。游客们或站在房间的包厢里，或站在各级甲板上，挥手致意，而摄影师就

用长焦镜头一个阳台一个阳台地拍过去，不放过任何一张微笑的脸庞、任何一个期待的眼神。

在进入巴拿马运河前，摄影部还推出了“巴拿马之爱”的海报设计活动。邮轮游客可以到摄影部领取免费的卡板纸、水彩笔、彩色铅笔，蜡笔，以及剪刀胶水等工具。自己亲自动手设计一张海报，在穿过运河这天，便可以举着海报合影。游客设计的海报五花八门，有写简单祝福语的，有绘画涂鸦的，还有写话调侃时任美国总统特朗普的，当然还不忘签上自己的名字，写上日期和房间号，画上代表自己国家的国旗。

通过第二道闸门之后，便进入第二道闸门与第三道闸门之间的蓄水池，而当邮轮停在第三闸门前时，第一道闸门与第二道闸门之间的蓄水池也开始放水，为下一艘船进入水闸做准备。

水位与加通湖水位齐平之后，第三道闸门打开，邮轮驶入加通湖。

“101A、100A、301A团的乘客请到普罗旺斯餐厅集合，205B、301C团乘客请到四层排队离船……”

邮轮逐渐下放救生艇，游客陆续离船，前往湖边的接驳点，与邮轮合作的巴拿马旅游公司的车队已经在接驳点等候，在邮轮上报名了旅游体验的乘客便开始了他们的巴拿马陆地之旅。等参团的游客全部离开，邮轮便开始原路返回通过加通水闸，这一来一去便是一个上午，邮轮返回水闸的时间通常已经是下午1点了。

加通水闸堤坝上的运河管理处是游客们第一个会拜访的地方。管理处的观景楼为邮轮通过水闸提供了另一个视角。在邮轮上，视野被遮挡，而在观景台，水闸和水渠一览无遗。闸门让人想起武侠小说中的千斤玄铁，但又设计巧妙，开合之间，滴水不漏。在闸门的顶端还设计了可供工作人员通行的伸缩折叠式通道，使工作人员可以往返于水道间的堤坝。邮轮通过闸门时，观景台上的游客和邮轮上的游客相互挥手问好。如果不是如此近距离观察，不会知道原来水道设计如此适宜，邮轮与水闸的宽度几乎是正好，好到在堤坝上只需要小跨一步就能进入邮轮。其实，由于巴拿马运河的重要运输作用，不少船舶的设计就是按照巴拿马运河的宽度来，这些船舶也被称为巴拿马级的船只。

“大家觉得是太平洋高还是大西洋高？”

“……”

“其实是一样高的，全世界的海平面都是一样的。太平洋就像人的左肩，大西洋是人的右肩，加通湖就像人的头部，三道水闸的作用，就是将船只缓慢抬升再缓慢下降，来弥补这高度差。”

“大家看邮轮即将通过第二道闸门，猜猜看蓄水需要多少时间？”

“……”

“8分钟哦，只要8分钟。”

观景台内还有解说员为游客解说，也许游客们都在为游轮通过运河按快门，解说员经常陷入尴尬地自问自答。

目送邮轮完全驶离水闸之后，蓄水池是下一站。蓄水池是水闸内水的来源，运河里的水都是淡水而非海水。在这些蓄水池的旁边是已经建造完成的新巴拿马运河延伸段，更长更宽，能满足更大型号的船舶的通行，不过只能在车上匆匆一瞥，坐邮轮参观的还是老运河经典的三水闸。

游轮游览运河

如果是半通航，坐游船游览巴拿马运河是最佳选择，这样可以弥补未能全通航的遗憾。登上小型的两层游船一路向太平洋方向行进，行程时间大约4个小时，游船上准备了水果和简单自助餐充饥。巴拿马的气候湿热，正午的太阳晒得人昏沉沉的。由于泥沙沉积，运河水道的颜色非常黄，据说水底有许多鳄鱼，运河两岸都是成片茂盛的热带雨林。

“许多人提起热带雨林都会想到巴西的亚马孙雨林，其实亚马孙雨林由于常年的树木砍伐，面积在极剧锐减，而巴拿马却把雨林保护得很好。大家都知道泛美公路，从美国和墨西哥的边境开始，一直延伸到南美洲的智利，连接起了北美洲和南美洲。可是很多人不知道泛美公路其实断了一截，就在巴拿马。正是由于这茂密的原始森林，所以当人们开车沿泛美公路到达巴拿马边境之后，需要坐渡轮到委内瑞拉或者哥伦比亚再继续。不仅是泛美公路，在巴拿马雨林区的公路几乎看不到加油站，我们有意如此，因为我们知道，一旦建了加油站，就会跟着有厕所、休息室、商店，最后甚至可能变成商业区，而这一切的代价就是雨林被破坏。”

在游船解说员的激情解说下，4小时的时间竟然也不乏味，不知不觉就到了米拉弗洛雷斯水闸，由于游船身型小，闸门和堤坝看起来无比高大，这无疑是继邮轮甲板和观景台后，参观运河水闸的第三种视角。当游船贴着堤坝穿行的时候，伸出手就能触碰到堤坝墙上被水冲刷而长出的青苔，闸门边上还能看到红色的水位刻度线。米拉弗洛雷斯水闸门缓缓打开，游船上的游客纷纷录像。

“看你们左手边那幢黄色大楼，那是为来参观这运河水闸的游客准备的，不过运河每天出入各水闸的船只数量都不同，据我所知，我们游船是今天第一个通过此水闸的，那些游客一早便来此处等待，就是在等我们！”

被解说员这么一说，游船上的邮轮游客纷纷起立，一起向站在观景楼上的游客喊道：“你们好！”而观景楼上的游客也同样大声回应“你们好，见到你们真高兴！”

第三道闸门打开，游船进入巴拿马湾，也就意味着进入了太平洋海域了，水也从黄色变成了标准的海蓝色。再回头望越来越远的巴拿马运河，内心抑制不住的激动。这也是巴拿马运河游览的另一大体验——一天之内跨越两大洋。

巴拿马城

跟随游船进入太平洋，巴拿马的首都巴拿马城由模糊的轮廓变成可见的实体。乍一看，十分惊艳，这高楼大厦，这现代化的设施，简直犹如上海的浦东新区、纽约的曼哈顿。

但事物都不能看表面，游船停泊在巴拿马城，游客徒步观城。巴拿马城可以分为老城和新城。老城拥有历史底蕴，所有的建筑有着西班牙殖民时期的特点，因为战争，老房屋都有不同程度的破损，有些墙面上可以看到明显的弹痕，某些房屋二层阁楼的阳台栏杆还有钢筋裸露在外，就在这样的房屋中，依然有当地居民居住。从老城步行穿过，住在老房子里的妇女，穿着碎花裙，双手手臂互抱搭在栏杆上，目送着来往的游客。

新城则远观赏心，近看伤心。现代化的高楼大厦之间，那些普通民众的房屋还是破旧的，没有规划的，墙壁上无意义的涂鸦，街道上随处可见的垃圾显得城市无比脏乱。普通店铺是没有经过任何装修的水泥墙，卖的也是上世纪的旧货物，这里依然是第三世界国家的样貌。

普鲁土著村落

在巴拿马的查格雷斯国家公园（Chagres National Park）有一个普鲁土著村落，是印第安部落居民的家。去往部落拜访土著村民也是不少邮轮游客会选择的体验之一。

这些印第安土著居民生活在雨林深处，查雷斯国家公园的雨林更像是一片湿地，有发达的水域，因此要拜访这些土著居民需要乘独木舟前往。

在通往查雷斯国家公园的道路尽头，土著居民的代表们已经等候在岸，大多是青年男子。游客穿上救生衣，土著男子们会撑船，木舟急速前行，迎面而来的风暖暖湿湿的，远方芦苇丛之中，还有数只白鹭飞过。木舟很长但窄，一个座位刚好只能坐一个人，雨林刚下过雨，河水上涨。

“千万别伸出手去哦，我保证水里的鳄鱼很饿。”讲解员如是说。

到达土著村落，居民们早已经站成一排歌舞迎接，村落里的孩子们则在一边自顾自地玩。

当地人用晒干的芦苇秆制成编织物，材质非常有韧性。再用天然的花草染色，绘制的图案都是简易的菱形、方块等几何图案，这样的编织物成为族民们的统一服装，女性还会头戴花环。

土著民居的中央是个大草棚，用来接待游客，一边是三排环形的木头长凳，另一边是几排桌子，桌子上放着当地游客制作的手工艺品。游客入座后，引导员和族长便开始讲解起部落的相关情况，炸鱼块和炸芭蕉片是招待游客的点心。

“这里的民族完全自治，收入就是这些手工艺品，他们拥有自己的语言，而只有族长才会说英语。他们的所有教育都是免费的，只是他们居住在这里，每天上学时，独木舟是唯一的交通工具，别的学生都是6点钟起床，而他们需要4点钟起床，同时他们也在族中进行民族文化和语言的教育。”

“不如让我们一起来跳舞吧。”

这是族民们欢迎游客的传统方式，先由当地族民们表演示范，接着游客起立，与当地族民们搭伴共舞，拍手转圈，手拉手举起又放下，然后重复一个来回。

为了不过度破坏这里土著居民的原生态环境，族民们每天最多接待两批游客，每次两小时。

虽然已经被商业开发，但是这里的人们依然很淳朴，休息时间可以四处转转，和孩子们一起荡秋千，玩捉迷藏，可以和当地的族民们合影，他们不怯生。当然还可以购买当地人的手工艺品，因为他们不会说英语，所以也不讲价，只不过放工艺品的每一张桌子都代表着族里的一个家庭，所以付钱一定要付给对应桌子后的人，搞错了就不好了。离开时族长还会召集所有游客一起来个大合影。

科隆 Colon

所有参加巴拿马陆地观光的游客最后都会到科隆或者巴拿马城重新登船，这也是游览巴拿马运河的第三个体验——中途下船，异地回船。

如果是走加勒比海线，停靠的港口是科隆。科隆又破又小，从邮轮的15层甲板可以一览这座城市，城市中心甚至都没有像样的房屋，最高的建筑物也是只有六层的民居。

“这座城市很危险，你们可不要走得太远。”

这是老船员的忠告。

游客们也都乖乖听话，出港口有土著居民的音乐表演，沿着港口漫步，有免税商铺，不过卖得东西实在不敢恭维，属于小商品市场里的残次品。

不过几家当地的特色餐馆倒是不错，重点是网速快。

Rotana，每次到港我都会拜访的餐厅，服务员人好，如果你只是坐着什么都不点，蹭网也不会被说什么。鹰嘴豆豆泥胡姆斯（Hummus）和海鲜汤，是我每次来必点的食物，胡姆斯是将鹰嘴豆豆泥厚铺且围成环状，中间部分掏空装上橄榄油，并放上几颗新鲜鹰嘴豆，样子看起来像一个小池塘。搭配一块如新疆的馕一样的干烙大饼一起吃，吃的时候挖一小块饼，用饼取豆泥，豆泥味道淡，海鲜汤来凑，海鲜汤里有虾肉、切块的乌贼肉、小牡蛎肉，还搭配了洋葱、香菜等调料，味道鲜辣，刚好调和饼与豆泥的淡。

离开巴拿马运河，已经是晚上九点了，影像长廊已经开始播送白天录制的运河全纪录。每次看到这个航程的录像，我都会忍不住热泪盈眶。众所周知，邮轮的乘客有时候会来自50多个不同的国家，录像里，邮轮游客们的肤色语言都不同，但是人们的笑容却是一致的，对运河工程的惊叹是有共鸣的，对这航程的享受也是相同的。

阿鲁巴
Aruba

“在海的那边、山的那边有一个阿鲁巴，那里富饶又美丽，人们快乐又安逸，他们自由自在生活在蔚蓝的加勒比。”

阿鲁巴，加勒比海的小岛国，也是荷兰的海外领土。在阿鲁巴用微信发定位，系统会自动冠名宗主国荷兰。

阿鲁巴很富有，算是加勒比港口中数得上的比较现代化的岛屿，如果要购物，能买就在阿鲁巴买吧，因为错过阿鲁巴这个村，可能真的找不到下个店了。

阿鲁巴最有特色的当属它的生态环境，与加勒比海的其他岛屿不同，阿鲁巴岛屿上生长的并非低矮的灌木丛而是大丛仙人掌。想和当地生态来个亲密接触，

最好的参观方式是骑马。

Rancho，阿鲁巴的原生态马场，与公主邮轮是合作伙伴。骑马的出发地就从马场开始，先签署安全免责协议，接着穿戴头盔，然后大家在马棚集合，指导员会讲解基本的动作，比如前脚掌蹬马镫，速度过快的时候就要勒缰绳，上坡的时候身体前倾一些，下坡则向后仰。讲解完毕后，就是分配马匹，这时候指导员会询问有没有人是第一次骑马的，这个时候千万不要害羞，如果是第一次尝试就要大胆举手。因为每一匹马的性格都不同，如果是初骑者，指导员会分配比较温驯听话的马匹，如果是骑马高手，指导员就会分配比较有野性的马匹，所谓野性就是在行进中有跑偏离队的可能。根据性别、年龄和性格，指导员会分配不同的马匹。第一次骑马的我被分到了一匹棕色马，额头上还有一圈白色记号，名叫 Flago。

在指导员的帮助下上马，和所有高耗能的运动一样，先骑马沿着中央环

形绕圈热身。之后马队正式从马场出发。一名指导员会骑着头马，也就是马群中的领导者来领队，另一位指导员会在马队的最末尾跟随，游客的马匹都在中间。刚骑乘时候的惴惴不安很快就烟消云散。首先，马场的马匹都训练有素；其次，马是非常聪明的群体动物，马群会跟随头马做出相应的动作，指导员掌控着头马的速度和方向，马群会自动跟随，不会离队，而且头马是第一指令，骑乘者才是第二指令，所以即使骑乘者是初次尝试，也不用担心掉队。骑得时间久了，慢慢就掌握了其中的关窍，比如用腿夹紧马肚子，骑乘的时候身体坐姿微微前倾比较不容易颠簸。

启程路线的第一段是从马场到居民区，慢速行进，然后拐道进入中央林区，这时，可以看见密集的仙人掌丛。这一段路程很长，基本都是处于爬山的状态，但是行进速度很慢，可以信马由缰，好好放松享受，仔细观察当地的生态环境。

“看，那里有老虎，还有老鹰！”

随着指导员的方向望去，我不禁大笑，哪是什么老虎啊，只是一个老虎雕像，伏在一块巨石上。接着我们又发现了老鹰、豹子，竟然还有大熊猫！指导员说，这里是他们当地的动物园！其实，因为岛屿生态的局限性，这些众所周知的动物在阿鲁巴都没有，这一座雕像动物园大概是满足了阿鲁巴人想看野生动物的遗憾吧。

第一段翻山越岭之后，就来到了海边，这里有阿鲁巴最有名的婴儿桥（Baby Bridge）。婴儿桥其实就是一块天然形成的岩洞，因为小而且像桥的形状而得名。到海边之后就是一骑红尘，和之前的漫步不同，海边是一溜小跑，只听见哒哒哒的急促马蹄，身体也颠簸起来。

海边的骑乘应该最有骑马感觉的一段路程，一边骑马一边被海风吹拂，这时候马群中具有野性的马匹会不甘示弱地从马群中追上来与头马并肩。我的Flago也勇闯到了第二名，很快我就感谢Flago的机智和勇敢，因为马蹄过处，尘土飞扬，在马群后段的骑乘者会不断地吃土，但在马群前段的骑乘者就没有这样的顾虑了。

阿鲁巴的东北部海滩比较原生态，基本没有游客，海天一色，尽收眼底。到达海滩后，指导员会让骑乘者一个接一个停顿拍照留影。接下来便是整顿休息时间。骑马是一项全身运动，骑马的时候浑身的肌肉都在运动，尤其适合瘦小腹，而且骑乘的时候背挺得直直的，也很有利于矫正身姿。虽然才骑了一个小时，但是下马的时候我已经感觉到肌肉酸胀了，尤其是腿部肌肉。休息后，就是返程了，返程的行进速度会比来时稍快，好好珍惜和自己马匹相处的时光吧。

相比于骑马，大多数邮轮游客会更倾向于4 WD。4 WD是4 wheel drive的简称，其实就是敞篷越野车。4 WD之所以广受欢迎，是因为基本可以参观完岛上所有的经典景点，而且有当地的冷幽默司机当向导，既能了解阿鲁巴的历史文化，还能增加旅途趣味。

“阿鲁巴是一个小国，非常非常小，人口也不多，但居住着来自40个不同国家的人们，我们把阿鲁巴称作One Happy Island，虽然国籍多，但大家都相处得很快乐。每天下班后，人们就会聚集到酒吧喝酒聊天。阿鲁巴的游客主要都是乘坐邮轮来游览的，每年有上千万的游客。阿鲁巴也有机场，但是机场

很小，每年搭飞机的客人数量大约100万，才100万啊，都没有被海盗打劫来的人多。阿鲁巴赚钱最多的人是司机，看到那幢橘黄色的两层豪宅了没，那就是我的家，欢迎你们来我家做客，不过最好自己带张床。再看路边那栋丑陋的建筑，那是我们的税务局，里面住着和这栋大楼一样的丑陋的人，他们每天除了计算如何向民众多捞钱以外，其他什么也不干。”随行的巴士司机这样调侃着他居住的国度。

跟着敞篷越野车沿着小岛顺时针行驶，自港口起便是连片的白色海滩，香蕉船，沙滩排球，海上降落伞，多处古老的沉船遗迹环绕小岛，使船潜与水下遗址探索成为小岛的固定项目。

最北端的白色加利福尼亚灯塔还在默默守望；中央山顶的景观教堂小得根本容不下游客们的罪过；农场里的鸵鸟们每天除了下蛋睡觉，就是看一种叫作“人”的动物；芦荟种植园里，每天有上百株芦荟被制成凝胶。

在看遍阿鲁巴所有的风景后，我的心停留在了一个地方，每逢靠港，必来！它俘虏了我的心，更攻陷了我的胃，不仅是我的，还有当地人的，游客的以及所有船员的。

这个地方就是阿鲁巴的荷兰煎饼屋（The Dutch Pancake Restaurant）。煎饼屋位于港口的东部，行走1公里左右的距离，会到达一个叫“Market Palace”的地方。这个名字起得着实特别，因为这个地方其实既不是市场也不是宫殿，只不过是一个普通的商业区而已。

煎饼屋的主人把宗主国的传统美食搬到了阿鲁巴，却没想到如此火爆，获得了“Trip Advisor”[1]五星推荐，以及阿鲁巴政府授予的“最佳早餐餐厅”称号。煎饼屋每天8点开门营业，但是队伍可以一直排到中午。每次去的时候都得请同事提前预留个位置才行。煎饼屋还有给力的无线网络，这也是人流不断的原因。要知道，加勒比海岛沿线停靠港口多数比较穷，能够有无线网络的地方是难得的风水宝地。煎饼屋的招牌煎饼主要有两款：一款叫作银钱饼（Poffertjes），每一个大小如同一枚银币，可以选择大中小不同分量。我每次来必点肉桂味的！银钱饼放在平铺的糖霜上，糖霜是极细腻的，微风一吹，就会往食客的脸上扬去，吃完一盘银钱饼，脸上总会不自觉多几处白点。银钱饼上撒上一层肉桂粉，添上一小勺奶酪，再淋上蜂蜜，就是幸福感爆棚的美味。另一种煎饼如比萨般大小，只是将饼底换成了煎饼而已。有甜有咸，甜味的煎饼会放上草莓粒、菠萝粒等并浇上果酱，还可以放上各色冰淇淋。咸味煎饼可以当正餐主食，主料主要有鸡蛋、火腿、牛肉、蜜渍腰果和奶酪，辅料是各种蔬菜以及罗勒叶、薄荷叶等天然香料。每次来到煎饼屋，我都会点上一甜一咸两份煎饼，哪怕已经在邮轮上吃过了早餐。

[1] 中文名为猫途鹰，全球最大的旅游攻略平台和社区，相当于国外的马蜂窝。国外的许多餐厅都有猫途鹰的评级，4星以上就表示还不错。

哥伦比亚　卡塔赫纳

Colombia Cartagena

"顺着马德莱娜河，奔向卡塔赫纳，我要踏上旅途，永远在海上航行，和我最爱的女人一起，不断歌唱。"伴着清晨的阳光，邮轮抵达了小说《霍乱时期的爱情》的原型地——哥伦比亚卡塔赫纳。

《霍乱时期的爱情》，马尔克斯，卡塔赫纳。

一本书，一个人，一座城。

卡塔赫纳，被誉为南美洲最美的城市，也是马尔克斯眼里最美的城市。如果以一个旅行者的角度去追寻文学巨匠马尔克斯的足迹，最让人期待与难忘的城市，可能就是哥伦比亚的卡塔赫纳。马尔克斯曾长期生活在此，并写出了多部名作，比如《霍乱时期的爱情》《关于爱情和其他魔鬼》以及《迷宫中的将军》。

这座城市与马尔克斯已经密不可分。在卡塔赫纳市中心和博卡格兰德区之间的海边，还立着一块混凝土浇筑的石碑，碑文如下：

维拉斯科在海上漂流了10天，上岸后被宣布为民族英雄，最美的女人亲吻他，新闻报道他，后来政府仇视他，人们也永远地忘了他。

——加布里埃尔·加西亚·马尔克斯《海员的故事》

这是一段马尔克斯在卡塔赫纳当记者时候的往事，马尔克斯采访一位落难的海员，善于叙事的马尔克斯把一个简单的落水故事变成了连载短篇，还在采访中发现造成事故的原因竟然是当局政府，该报道被政府禁止，马尔克斯因此不得不辞职离开。

碑文中的前两个“他”是海员，而后两个“他”却是马尔克斯。分明被政府禁止的事件却被刻在了象征不朽的石碑上，并立在城市中心，现实如马尔克斯的作品一般魔幻。四百年来，卡塔赫纳城光怪陆离的历史与现实的叠加和混杂，也许才是马尔克斯不断的灵感之源。

建于16世纪初的卡塔赫纳，位于碧波浩渺的加勒比海南端，三面环水，港口、要塞、小岛、运河环礁湖和海湾构成了卡塔赫纳优越的停泊条件。丰富的历史遗存，经典的建筑风格，使卡塔赫纳整座城市被联合国教科文组织评为“人类文化财富”。

《霍乱时期的爱情》是探访卡塔赫纳城最好的伴侣。

小说故事不难理解：年轻的阿里萨与费尔米娜偶然相恋，但命运之神却让费尔米娜嫁给了别人。五十多年后，痴情的阿里萨终于与新寡的费尔米娜登上轮船，在瘟疫蔓延的加勒比内河航道上品味夕阳中的温情。漫长的爱早已跨越了激情，只化作支撑彼此生命的一丝温暖。

这个故事读起来与张爱玲的《倾城之恋》还有些异曲同工之妙，在《倾城之恋》中，战火毁灭了一座城市（中国香港），却成全了白流苏和范柳原的爱情。而《霍乱时期的爱情》不过是用霍乱代替了战争。

城市和爱情在文学家的笔下发生了化学反应，霍乱和战争成了催化剂。从此，恋人多了一处向往之所，而旅人多了一处朝圣之地。

沿着书中的篇章，漫步在老城的城墙上，徘徊在迷宫般的巷弄里，书中的描写与现实所见相似却不重叠，文中提到的旅馆、当铺、咖啡馆、公园，在卡塔赫纳都能找到原型，令人颇有些穿越感。就此寻章摘句，寻找文学家笔下的那些古城风物，体会真正的哥伦比亚风情。

“那座城市，也就是他所居住的城市，尽管岁月流逝，旧貌仍在：炎热，干燥，在那里，花朵凋谢，食盐发霉，除了月桂树在日渐萎败和人们正在烂泥塘中慢慢衰老以外，这座城市四个世纪以来没有发生任何变化。”

热，是每一个游客来到这里的第一感受。

卡塔赫纳一年只有两个季节，旱季11月到3月，热，平均28摄氏度的气温对卡塔赫纳人来说意味着寒冷，也就是睡午觉得盖毯子，出门要穿长袖。另一个是雨季4月到10月，更热。雨季给这个城市带来大量的水汽，整个城市一到中午就像一座蒸笼。

卡塔赫纳在小说中四百年没有发生什么大的变化，可现实中的卡塔赫纳在近四十年中却是大变模样。紧挨着老城区的新城区都是摩天高楼，与任何一座现代化城市一般无二。可与新面貌应该有的蓬勃生气不同，城市的细节透出

一股颓废的味道，小说里枯萎的月桂树和烂泥塘，依然能在道路两旁找到，老城的外围城区依然是破旧的棚户区，各种垃圾乱堆乱占。车辆行驶在道路中，会有街头艺人突然窜出表演，然后当街讨钱。

时间改变了城市的外貌，却没有抹掉城市的内在气质，热加上脏乱，也难怪霍乱会在这座城市里发酵。

“站在山上，古城尽收眼底：支离破碎的屋顶和百孔千疮的墙壁；荆棘丛中的要塞废墟；海湾里连绵不断的小岛；湖边破破烂烂的木板窝棚；还有那浩瀚的加勒比海。”

加勒比海流入城市，冲刷出了一条条河道，一座座海湾小岛。小岛是大片红树林树丛，上千只白色海鸟栖息在红树林丛中，偶有竹筏从河道划过，海鸟惊飞，齐齐向老城方向飞去。卡塔赫纳之美，很大程度源自加勒比海。潮湿温暖的海洋气候滋润着这里的花草树木，也滋润着这里的人和爱情。

8公里长的城墙就是明证，这些城墙历时两个世纪才被修缮，将老城保卫其中，为了抵御来犯的海盗。如今的城墙则成了游客们的打卡地，城墙可以攀登，可以漫步，城墙上原有的圆形炮洞，已经成为游客和当地人的另类座椅。无论是坐在门洞里看书的少女，还是依偎一起看夕阳的情侣，都成了游客眼中的一道道风景。

城墙的一边可以远眺蔚蓝的加勒比海，城墙与加勒比海之间是与海岸一并行蜿蜒的沿海公路，城墙脚下还有简易的足球场，小小少年，三五成群，尽情释放自己的热情和汗水，足球也是哥伦比亚的国球。而城墙的另一边则可以俯瞰老城，纵横的街巷，西班牙式的楼房，还有被花卉点缀的阳台。

坐在城墙上，任由时间溜走，留在心底的是不可名状的满足。

“在18世纪，它的贸易在加勒比海地区是最繁荣的，尤其是由于它的令人诅咒的非人的特权——这里是美洲最大的黑奴市场。”

黑奴贸易为这座城市带来了巨大的财富，但五百年来巨大的财富没能给这里带来幸福，却引发了西班牙与英法之间争夺卡塔赫纳的大小战役。在小说中，费尔米娜乘坐热气球旅行时，巨大的城墙和防御工事赫然成为这座城市最无法忽视的一大风景，他们看到的是卡塔赫纳西部的圣菲利佩要塞。这座军事建筑高达数十米，与环绕旧城长达十一公里的城墙相连，当年动用数十万奴隶完全由石头修建而成的高大墙体至今保存完好，几十门古炮仍然直指着碧波浩瀚的加勒比海。

正是由于卡塔赫纳，南美洲才不讲英文。

“在一周的其他日子里，浩浩荡荡的人流又涌进了老区的广场和小巷，摆起小摊，做各式各样的生意，他们使死气沉沉的城市变成了散发出煎鱼香味的热闹非凡的集市，展现一种新的生活。”

游览老城，漫步是最好的方式。

老城充满了静态美和动态美。

静态美是那些西班牙的殖民建筑，是广场，是教堂。

我第一眼就被房屋的美丽阳台所吸引。老城里没有一幢房屋的阳台是一模一样的，颜色五彩斑斓，继承了宗主国西班牙的地中海风韵。三角梅和葛藤缠绕着木质栏杆，有些藤条枯萎了，就从二楼阳台一直垂到地上。房屋的阳台与隔壁阳台紧挨着，给邻家女孩子们在阳台上聊天、说悄悄话提供了方便，哪家店的衣服最漂亮，哪家店的首饰又出新款了等。加勒比海的阳光照耀进老城，浪漫从每一丝地缝里冒出来。据传说，待字闺中的少女如果独坐在一楼窗前，路过的青年遇见，会情不自禁地献上热吻。

老城房屋的门是门中门，在大门中还有一道小门，大门迎客，小门进出。门上会装饰各种式样的铜环以及数量不一的铜锭，铜锭的大小显示了房屋主人的财富和权势。

老城的教堂主要有两座，一座圣多明尼克教堂位于老城的中心，是卡塔赫纳最古老的教堂，通体明黄色，教堂外是一尊费尔南多名为“重”（heavy）的铜雕像。雕像是一个传统的哥伦比亚裸体少女，左手支撑着头，右手向后撩拨着头发，身体半躺，头朝上仰望着高耸的教堂。严肃的教堂美学和奔放的少女情态在这里发生了碰撞，使得多明尼克广场，无论早晚都成了老城游客最密集的地方。

另一座教堂是圣佩德罗，在建筑美学上更胜一筹。而且圣佩德罗教堂所在的广场就在城墙边上，附近是艺术博物馆，广场中都是反映卡塔赫纳当地人文风情的雕塑，鸽群时而飞起，时而停在广场上啄食，这里是整个老城中最具有油画质感的地方。

老城的动态美来自人。因为旅游业的发展，老城早已从一般居住区变成了商业区，热闹非凡的集市如今更热闹了，但却再难觅到煎鱼香味。

老城的主干道基本都被各式小摊贩占满，贩卖着各种疑似从中国义乌进口的手工布艺袋子、木雕制品、皮包手表、冰箱贴以及钥匙圈等其他小纪念品。

这些商品中最受欢迎的是巴拿马帽子。

巴拿马帽子的外形很有辨识度：白色，以棕榈叶为原材料编织，帽子上还围着一圈黑色绸带。正宗的巴拿马帽子都是35美元一顶，一口价。当然小摊贩售卖的仿品也不错，可以还价到5美元。巴拿马帽子虽然以巴拿马冠名，但实际上却是在厄瓜多尔生产的，而卖出最多的地方是在哥伦比亚。

此外，还有兜售雪茄和香烟的小贩，脖子上挂着正方形的大木托子，这形象，一时间仿佛回到了老上海滩。

因为天气炎热，冷饮当然必不可少，老城里卖冷饮的方式走的是中国上世纪80年代的路子。小贩们推着冷饮车穿梭在老城的每一条巷子里，要是累了，就随便找个地方坐下卖，冷饮车里存着大量冰块，他们随身还携带保温杯，为游客提供热水。

除了小商贩，老城中还有许多特色店铺，比如哥伦比亚风的纯色棉质长裙、酸奶味浓郁的 YOGYOU 冰淇淋店铺，还有独立书店 Abaco，在探索这些特色店铺的过程中，每个旅人都能找到自己眼中的老城。

遥想当年的马尔克斯，是否无数次地经过这里的广场、教堂、拐角，每天下午四五点钟，在完成了一天的写作后出门，做一次短途旅行式的散步？

据说加西亚·马尔克斯的弟弟也生活在卡塔赫纳，傍晚常常出现在广场附近，向路人讲述过去的事，很多情侣或夫妻都是他的听众。

“大帆船载着时价五千亿比索的宝石和贵金属起航，开往加的斯，刚

出港口，就被港口一支英国舰队击沉，直到漫长的两个世纪以后还没有打捞上来。那批躺在海底珊瑚间的财富和斜着身子漂在指挥台上的船长的尸体，经常被历史学家们作为那座被淹没在记忆中的城市的象征所提及。”

沉没在卡塔赫纳海湾的珍宝船“圣何塞号”对于当地人来说远比“泰坦尼克号”有名，走在城市里，总有人会说起那些著名沉船的故事，仿佛那海底的世界和陆地上的房屋一样，都是卡塔赫纳的组成部分。这些故事也让马尔克斯深深着迷，于是打捞沉船便成了《霍乱时期的爱情》里热恋的阿里萨与费尔米娜情书中美丽的话题。

在老城外的运河边上就停泊着一艘古老的木质帆船，据说是“圣何塞号”的仿品，已经开发为游览项目。夕阳西下，登上这艘帆船，哥伦比亚舞者会为游客演奏热情的舞蹈，同时讲述着这段沉船往事。

“那是个拱门式的长廊，长廊的对面是一块空地，空地上停着出租车和用毛驴拉的货车，民间交易在这里搞得更加如火如荼。费尔米娜对街道不太熟悉，没留意这是什么地方，就走进了那个门洞，目的只是找一个阴凉的地方避一避十一点钟火辣辣的太阳。”

小说里，马尔克斯描述了一个叫作“代笔先生门洞”的地方。在那里，文人代笔为人们写各种信件，货物都在这个地方囤积交易。最像这个地方的应该是老城钟楼后的安敦娜广场（Plaza de la Aduana）了。过去，这个广场是城市的海关所在地，从加勒比海运来的货物都在这里分类并纳税。现在，只剩下老城的妇女们在那典型的拱门式的长廊里贩卖传统的手工糖果。

而在老城的另外一边，也有一处门洞商店 Las Bovedas。这里一共23个门洞，以前是23处监狱屋，现在是23间纪念品商店。商店的门口都有传统的木版画作为装饰。商店里的最大招牌是祖母绿宝石。哥伦比亚是全球最大的祖母绿产地，但这是一个缺乏想象力的民族，美丽的宝石在哥伦比亚人的手里并没有发挥出其应有的魅力。在纪念品商店看到的祖母绿宝石石头大多颜色晦暗，绝大部分都没有精细加工，劣质粗糙，甚至把原石直接镶嵌拿出来售卖，成品还不如一般玉石来得美观。当然，在老城中还有许多正宗的祖母绿品牌店，展出的饰品明显美观许多，经过深度加工，价格当然也不菲。

Las Bovedas 的纪念品商店前，小贩们也是一道风景。他们统一着装，白色鸭舌帽，黄色为底、椰林为图案的长款短袖衬衫，白色中裤再外加白色球鞋。他们积极主动，逢人便问“要么，要么”，不过他们的算术不太好，“一个7美元，两个10美元，三个20美元”，所以他们的商品一直无人问津。

“她到了那些坐在自己的巨大的球形玻璃瓶后面的卖甜食的文人面前，她买了各种不同的甜食：六块蛋松，六块白奶酪，六块绿豆糕，六块小甜糕，六块用椰肉粘上的蜂蜜香酥巧克力，六块杏仁蛋饼干，六块女王点心。”

书中的这些点心，今天依然可以吃到。就在安敦娜广场，老城妇女依然售卖着这些糖果，糖果和书中所描写的一样，被装在一个个球形玻璃瓶里，瓶外贴上标签。丝毫不用怀疑它们是否为纯手工制作，因为这些糕点只能用粗糙来形容，让人怀疑的是它们是否已经过期。

“一个头戴花头巾的滚圆而漂亮的黑人妇女，笑吟吟地请她品尝一块穿在杀猪刀刀尖上的三角形的菠萝块，使他从陶醉中醒了过来。”

老城里有许多穿着哥伦比亚民族服装的黑人妇女，她们确实身材滚圆但不漂亮，身穿以黄红蓝绿四种颜色做成的拼接长裙，头戴花头巾，还顶着一个银色脸盆，盆里或是放着热带瓜果，或是放着各种糕点。千万千万不要在被她们察觉的情况下把相机对准她们，按一次快门就是1美元，而且是每个人。

只记得第一次到卡塔赫纳时就吃过这黑人妇女的亏，如大多数旅人一样，看到身穿民族服装的当地人总想上去合个影，多有纪念意义啊。于是，我随便找了一位黑人妇女合影，就在此时，另一位黑人妇女不知从哪里冒了出来，出现在我的另一侧。拍完照后，我付给了我选的黑人妇女1美元（事先了解的价格），结果另一位黑人妇女拽住我的手臂不让我走了，神情激愤，说着我听不懂的西班牙语。不动脑子也知道，她肯定是也想要美元，无奈，我又为她掏了1美元。当然，故事还没完，她们两个竟然继续跟着我，后来还是会西班牙语的邮轮客人告诉我，她们看到我的朋友为我拍了两张照片，所以应该给每个人两美元。天啊，抢银行也没有那么过分啊。不过由此发现，当地妇女的数学学得比当地男性好些。

“早饭是一大杯纯咖啡，午饭是一块炖鱼加白米饭，

睡觉前来一杯牛奶咖啡和一小块儿奶酪。他每时每刻不管在地方，在什么场合都喝纯咖啡，一天喝三十杯。那是跟原油一样的饮料，他总是愿意自个儿动手煮，把咖啡灌在暖瓶里，暖瓶伸手就够得着。”

咖啡也是哥伦比亚的特产之一。哥伦比亚人一直自诩自己的咖啡是世界上最好的。哥伦比亚的咖啡苦味偏重，而哥伦比亚人喝咖啡不放糖、不放牛奶，当真是“原油一样的饮料”。不过比起咖啡，我更喜欢用哥伦比亚咖啡豆串成的手链。

除了咖啡，哥伦比亚人也爱奶酪。老城街头可以看到卖传统小吃奶酪饼的小贩。奶酪饼的做法有些像中国传统的煎饼果子，只不过煎饼部分用奶酪兑一些面粉代替，煎的时候，奶酪饼会慢慢膨胀到原来的三倍大，一股浓郁的奶酪咸香味扑面而来。这还不过瘾，煎饼熟后，再在两块奶酪饼之间撒上一大把干奶酪丝，分明就是个奶酪汉堡包。

钟声在整点响起，驻足在圣佩德罗大教堂旁的小巷中，阳光洒满头顶的阳台，阳台上的九重葛自然垂下，小巷里马车载着游人经过，紧接着一辆出租车相对而出，旧世纪与新时代，时光仿佛在这一刻交错。不远的广场上，青年们在跳街舞，小商人牵着驴经过，商贩们一个个紧挨着在小巷的两边摆摊。品尝着酸奶冰淇淋，闻着街旁传来的奶酪香，听到错杂的叫卖声，一闭上眼睛，这就是我脑海中浮现的卡塔赫拉老城图画。

马尔克斯已经过世，他在卡塔赫纳的故居现在处于关闭状态，据说将来会开放成博物馆。

如果卡塔赫纳老城是一道盛宴的话，那么这座城市还为邮轮游客准备了一道精致的甜点。卡塔赫纳的邮轮航站楼别出心裁，航站楼被打造成了一个小型动物园。也许火烈鸟也耐不住卡塔赫纳的热烈，每次去的时候，火烈鸟们都在沉睡中，单腿站立，将自己颀长的脖子卷进火一般丰满的羽翼里。相比之下，孔雀就比较躁动不安了，也许是雌雄比例没有搭配好，园中有四只雄孔雀，却只有两只雌孔雀，雄孔雀向雌孔雀开屏，频频示好，雌孔雀爱答不理，扭头走开，每每见此，都会引起邮轮乘客们一阵哄笑。还有一群鹦鹉，游客可以亲密接触，将手放在鹦鹉们的肚子以下的位置，鹦鹉们似有灵性般，会自动跨到游客的手上。

夕阳西斜，跑到甲板上看邮轮慢慢驶离，夕阳笼罩下的卡塔赫纳慢慢缩小成一个金黄色的小点。再见了，这魔幻国度中最美丽的城市。

伯利兹

Belize

这是一个国家，非常年轻的国家，1981年才独立。但是这个国家和邮轮的缘分却不浅，想要深入了解邮轮以及邮轮产业，就不得不提到道格拉斯·沃德（Douglas Ward）和他的邮轮界米其林指南《伯利兹邮轮指南》（Berlitz Cruising & Cruise Ships Guide）。是的，这本指南，与这个国家同名。1985

年《伯利兹邮轮指南》第一次出版，每年都会更新一版，全书700多页，全英文。道格拉斯·沃德承担了书中全部内容撰写，内容从新手选船、出行须知、到现役275艘邮轮的各项参数与测评。老爷子拥有超过50年的海上旅行经验，每年有200多天会在海上度过，对每一艘船都会进行细致到“浴巾蓬松度”的评估。

伯利兹本身是一个岛屿，地势很低，城市与海平面齐平。从港口看去，远处城市内的小桥连着一片欧式房屋，就像是威尼斯在加勒比海的复刻版。

“我们的祖先是玛雅人，后来欧洲人来到这里贩卖奴隶，建立起了原始的居住区，再后来我们成了英国殖民地，我们国家很小，不像你们中国国土面积大，而且人口众多。在我们国家，也有很多中国人做生意，有中国餐馆。”当地的导游Emmond热情地介绍他的国家。

如果不是因为那天风浪巨大，船长更改航线，将原定的开曼群岛更改到了伯利兹，也许我这一生都不会来到这个地方，都不会知道有这样一个国家。

也正因为如此，在伯利兹那一天所见恍惚如梦境，那种一生只一次的梦境。

伯利兹的港口很美，一连片的欧式建筑，多为免税商店和当地的纪念品商店，还有特色酒吧。

“你觉得这个城市很好？不，不要被它的外表骗了，因为港口是这个国家的外在形象，所以他们造得特别现代化，其实城市里并不是如此。我们曾经来这里度假海钓三天，非常美好的体验，但这里毕竟是第三世界国家，你懂的，城市里有许多小孩会追着向你乞讨。”一对美国夫妇这样评论这个国度。

但无论别人怎么说，好与不好，我都坚持每个地方要自己体验一番才算数。

沿着港口一直走就可以到伯利兹的出入境中心，出入境中心是一个不起眼的小房间，没有安检仪也没有任何装饰物，房内除了四面墙壁就是两张桌子、两把椅子，以及两位并排而坐的工作人员，一个负责入境检查，一个负责出境检查，所谓的检查就是出示一下身份证件而已。

走出出入境中心，我突然明白了一些那对美国夫妻对这个国度的评价。城市内的房屋建设与港口的现代化相比，差了约有50年的发展水平。居民屋虽然外观不错，色彩丰富，但却很破旧，有些被废弃的房屋还可以看到裸露在外的钢筋水泥。

临近中午，原本因为周末而安静的城市一下子热闹起来。走入市中心，我看到越来越多的当地居民拉家带口出来逛集市。当地居民有着棕色偏黑的皮肤，梳着各种花式辫子，T 恤衫配沙滩裤加拖鞋，非常休闲的打扮，一副亚洲面孔的我并没有引起当地人特别注意的眼光，这让作为游客的我感觉很舒服。

主街道上有居民不时两两组队扛着独木舟沿路经过，道路两旁也停放着数量不少的独木舟，沿河的街道旁是个小型广场，市民们搭起了帐篷和舞台，有免费的啤酒分发，如各地的周末狂欢节一般。

既然是狂欢节，一定少不了吃的。伯利兹的饮食受到墨西哥的影响，这里最受欢迎的小吃就是玉米薯片浇奶酪，盛在一个塑料小碗中。玉米也可以水煮，然后浇上番茄酱直接食用，还有各种薯片和薯条类的食品，包在塑料袋中出售，街头小吃车与中国的一般无二。而传统主食则是豌豆米饭加鸡肉，鸡肉是一大块红烧的鸡胸肉。这里地处加勒比海，气候炎热，饮料也是必不可少的，饮料车里的各种果汁都是鲜榨，然后装在透明玻璃瓶中直接出售。此外，还有烧烤和老式棉花糖。

除了吃，当然少不了娱乐活动。主街道的一角专门为孩子们搭起了一张

蹦床。孩子们正在往脸上画节日彩绘。

本来就不宽的街道因为人们的涌入和摊位的占据显得颇为拥挤，也难怪街道各入口都有巡警巡逻了。

尽管城市里一片节日的热闹气氛，可是来自美国的邮轮乘客们却更喜欢在海港一带流连，比如港口酒吧潮湿蜥蜴(Wet Lizard)。酒吧名牌下的“husband day care center”(丈夫一日看护中心)让人会心一笑。“Trip Advisor”五星推荐，这个酒吧是家族经营，服务员都是老板娘的女儿们。酒吧里有个幸运转盘，5美元一次，可以领取T恤衫和免费饮料等。无线网络的存在，使这里的人气更加旺。

我点了一杯冰镇草莓汁，喝了一小口，一股酒香味扑鼻而来，接着就感到嘴巴微微麻辣了。仔细看了一下菜单，原来这里的饮料都是以朗姆酒为基底调制的。如果不和老板讲明只要果汁，那就是默认加酒精了。

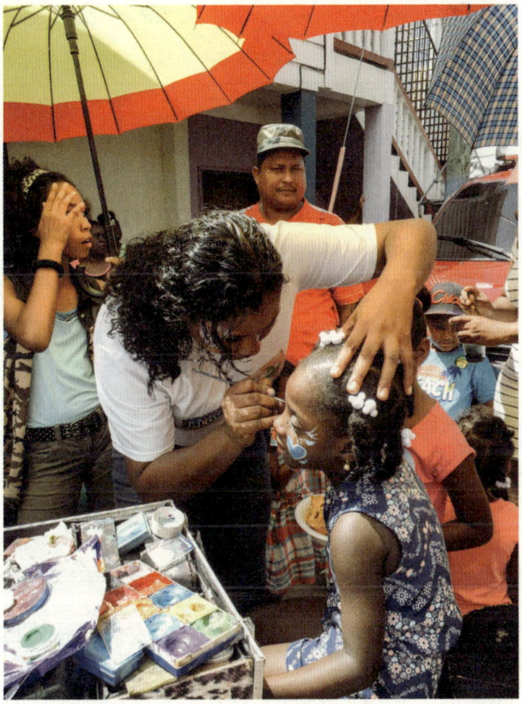

朗姆宾治（Rum Punch）是加勒比海的特色酒，但每一个加勒比海的国家都会对朗姆酒进行改良，形成自己的特色。伯利兹的朗姆宾治放入的朗姆酒并不多，主要依靠苏打水来激发酒精和果汁带来的爽冽的混合口感，再加上冰块，不会让人喝醉，反而感觉很清醒。而果汁除了传统的苹果、柠檬和菠萝，还加入了椰子汁。主要是伯利兹盛产椰子吧，这么好的天然原料怎么能不利用呢？

“我们伯利兹人身体里流淌着的一半是水，一半是酒精。”老板娘如是说。

哥斯达黎加　利蒙

Costa Rica Limon

“今天对于哥斯达黎加来说是一个大日子，今天是我们国家队对阵墨西哥，你们别看早上这个城市一片安静，一到晚上，人们都结束工作了，所有人都会迫不及待回家看电视，看我们国家队的足球比赛。”导游侯赛一边说一边撩起他的蓝色 Polo 衫，只见一件哥斯达黎加国家队队服赫然出现。单纯而炽烈的目光不会骗人，在座的邮轮乘客都能从这位导游身上感受到这个国家对于足球的热情。

“我们从小的梦想就是足球，尤其对于男孩子来说，长大的梦想就是当一名足球运动员！”

这个国家人口不算多，但足球人口不少。坐着巴士，行驶在乡村小道上，总能时不时看见当地简易的足球场：一片泥泞地，没有网的球门，可当地孩子们三五成群认真拼杀的模样却相当动人。

这天停靠利蒙港口的日子正好是2018年的世界杯预选赛，哥斯达黎加对阵墨西哥。

体育竞技的魅力就在于，一场比赛就可以让一个国家沸腾，哪怕这个国家终年雨季，依然浇不灭人们的热情。

在哥斯达黎加，只有两季，一个是雨季（rainy season），另一个是小雨季（less rainy season）。

与中美洲的其他国家相类似，哥斯达黎加终年多雨，湿润的气候使哥斯达黎加境内非常适合植被的生长，拥有着绵延全境的原始热带雨林。雨林的生物多样性也使哥斯达黎加顺理成章地成为了一个以农林业为主的国家。

若要论农作物的重要程度，咖啡豆当数第一。咖啡豆在哥斯达黎加不是产量最大的，甚至连第一批咖啡种子都是从巴西和哥伦比亚进口，因为哥斯达黎加本土大量存在着一种菌类，会抑制咖啡豆的生长。后来，政府想尽办法去除了这种菌类，才使哥斯达黎加可以种植咖啡豆。但是，咖啡却改变了这个国家。1821年，哥斯达黎加独立，当时的领袖莫拉波拉斯看到了欧洲人对于咖啡的旺盛寻求，于是开始在国内大量种植咖啡用于出口赚取外汇。

“由于稳定的咖啡出口，带来了稳定的经济发展，也就有了稳定的生活环境。中美洲的其他国家经常有地区冲突，但是哥斯达黎加这几十年来一直很稳定，这

一切都要感谢咖啡。”

最初的咖啡果实被称为“Cacao”，外形有点像熟透了的木瓜，切开后可以看到白色的膜，尝起来是甜的，膜之下便是咖啡种子。在哥斯达黎加有一种零食叫作“sweety cacao”，便是将带膜的咖啡种子直接烘烤而得，再撒上如肉桂之类的香料。嚼起来很脆，入口微甜，而后是微苦的可可碎粒。

哥斯达黎加产量第一的农作物当数香蕉。行驶在利蒙的当地道路中，两旁的香蕉田是一道风景。哥斯达黎加人对于香蕉的栽培热情不亚于栽培自己的孩子。香蕉属于草本植物，生长迅速，9个月便能成熟。在哥斯达黎加人眼中，一株香蕉最多种三代，而且他们会毫不留情地砍掉从旁支长出来的香蕉，以保证最顶端的香蕉吸取足够的养料以及足够的光和热。每一株香蕉都用蓝色塑料袋包着以促进香蕉的生长。

除了香蕉和咖啡，现在哥斯达黎加也发展了农作物多样性栽培，菠萝、玉米还有各种豆类。比如腰果，在哥斯达黎加就有一段有趣的历史。腰果的果实分为两部分：上半部分的样子像一个小青椒，不过颜色是橙色；下半部分像大豆一般大小。原始的哥斯达黎加人从来只吃上半部分，用来做果汁、做菜，下半部分的豆子从来都被丢弃了。当他们认识到下半部分腰果的价值时，已经是几百年后的事情了。

人们的日常主食是米饭和豆子，这里的豆子有点类似于腰豆，但比腰豆小一些。

“我们的午餐是米饭加豆子，我们的晚餐是豆子加米饭。”

在利蒙，有一所地球学院（Earth University），来自中美洲，加勒比海和

非洲的学生们在这里开展各种绿色环保和农业栽培项目，利用科技种植有机植物。学校与当地企业合资，学费由企业赞助，学生毕业后会先到企业实习工作，之后他们会返回各自的家乡和祖国，利用他们学到的技术和知识到自己的国家开设新的实验室和基地，雇佣当地的人们，帮助当地的农业发展，因此，这所大学还获得了诺贝尔和平奖的题名。

发展农业的代价是对土地的消耗，而土地利用毕竟是有限的。

“因为发展农业，哥斯达黎加砍伐了大量的热带雨林用来种植作物，你们现在看到的这片田地，原来都是热带雨林。在20世纪70年代，哥斯达黎加的森林砍伐增长率一度高达75%。好在，后来旅游业发展起来了，来自世界的游客到哥斯达黎加来看雨林和生物，带来了可观的经济收入，也使政府意识到，不砍伐热带雨林也可以赚钱。热带雨林保护区也开始逐渐建立了起来。”

看来，“绿水青山就是金山银山”在哥斯达黎加也是一句真理。

而哥斯达黎加的旅游特色也是围绕着农业体验和热带雨林而展开的，农业体验有香蕉种植以及咖啡豆栽培基地参观等；热带雨林里可以体验丛林飞越，还可以乘坐空中缆车和游船近距离观赏雨林动植物，或者进入当地的动物保护区比如树懒保护区进行沉浸式体验等。

在这些项目中，最舒适也最能感受热带雨林之美的当属空中缆车（Arial Tram）。距离利蒙港大约1个半小时车程，便能到达热带雨林冒险乐园（Rain Forest Adventures），与别处的左右平行的空中缆车不同，这里的线路是上下平行的环线，这样做的目的是使游览者可以看到从海拔15米到45米区域的热带雨林里的所有生物及其变化。游览者从下层出发，然后从上层返回。缆车是绿色的，与周围的雨林融为一体，缆车没有塑料或者玻璃遮蔽，车顶有雨棚，每车最多坐6个人，每一个缆车都配有一个讲解员，为游客讲解在参观中遇到

的种种生物。

“看，那是红唇草，这里的人们都叫它安吉丽娜·朱莉的嘴唇。”讲解员高飞一头小卷发，热情幽默地讲述每一种有趣的植物，比游客还兴奋。

“看那高高树上缠绕着的藤蔓，如果你能在一片雨林中看到这样的藤蔓，就说明这片雨林的历史已经很久了。”

缆车在下层的时候，伸手就可以触摸到缆车外的植被树叶，时不时还会有蓝紫色的蝴蝶飞过来，就静静停在缆车的栏杆上。而缆车到达上层的时候，因为海拔高，视野远，就可以看到树冠和雨林的全景以及树枝上栖息的鸟类和白面猴。缆车行进的速度很缓慢，每隔一段还会原地停留几分钟。偶遇苍蝇飞来，在缆车外停留，这里的苍蝇个头偏大，身体圆鼓鼓的都有点像蜜蜂了。缆车游览结束，还能在冒险乐园里品尝一顿丰盛的自助，都是当地的特色农作物和热带水果，美味又健康。

相比于温和的空中缆车，丛林飞越更让人兴奋。而哥斯达黎加的丛林飞跃是真正的丛林飞跃。体验基地就是一片真正的原始热带雨林。

丛林飞跃由两条索道构成，系上安全带，戴上安全帽，基地人员会仔细检查每一个锁扣。锁扣系在上方索道，游客手抓住下方索道把手。飞跃开始了，一屁股坐下，只觉得呼地一下，还没来得及反应，就到达了目的站。玩一次当然不过瘾，哥斯达黎加丛林飞跃的魅力就在于并不是只有一段，而是由12段飞跃组成，这12段索道分布在不同高度，拥有不同长度，让游客在玩丛林飞跃的同时可以在不同高度欣赏原始热带雨林，与雨林生物来个亲密接触。比如，从树冠出发的索道，在飞跃时可以看到猴子们在树枝上跳蹿，还能瞥见树懒抱着树枝睡觉。

哥斯达黎加是一个海陆兼备的国家，东部是加勒比海，西部是太平洋。东西部的气候条件迥异，东部多阳光，西部多雨，通常沿海的城市总会比内陆更发达一些，但是哥斯达黎加最富裕的首都圣何塞却在这个国家的中部，也是拜中部肥沃的土地所赐，这点的确是有些与众不同。

巴拿马航线中的利蒙港是哥斯达黎加沿加勒比海岸的港口。毫不客气地说，它几乎是整个航线中最穷的港口了。从邮轮的14层甲板眺望港口，只见城市中大多都只是三五层的房屋，而且是土坯房。中国的四线城市可能比利蒙的基础设施建设都要好上一大截。城市中最高的建筑物是教堂，有着和周围建筑物色调完全不和谐的蓝色屋顶，外观极丑，算是教堂界的卡西莫多。不过教堂内部却恢宏大气，虽然不能和欧洲的教堂设计相比，但也有着简洁肃穆的特点，尤其是彩绘玻璃窗的设计，午后阳光透过彩绘玻璃窗照入教堂，椅子上是一片彩虹色的投影。

在利蒙城市里小逛一圈，这里贩卖的生活用品基本都从中国进口。这里的人们喜欢鸡肉，沿街最多的快餐店当数炸鸡店。

整个城市的亮点除了教堂便是墓地。在利蒙市内的墓地中，有一片专门安葬着中国同胞，中国人曾到哥斯达黎加来援建铁路，之后，一批中国人便永久居住在了这里。这里的每一方墓地都是规整的长方体，被一块块纯白色的正方形的瓷砖所覆盖。

虽然整个城市给人一种落魄贫穷的感觉，可是在利蒙，却看不到一个乞丐。

“我们国家的失业率近年一直在上涨，可是人们却生活得很幸福，在这里，你即使不工作，一样可以生活下去，没有任何问题。”导游侯赛如此轻描淡写地说着。

这里的生活有些像中国古代农业社会的小农经济时代，因为物产足够覆盖社群中的人口所需，所以不需要担心生存问题。尤其是在当地人眼中的天赐作物——香蕉。

“香蕉是一种神奇的食物，你只要吃一根，一天一半的能量就有了。”

Bura Vida，这是哥斯达黎加人平时互相问候的语言，表示了一种积极昂扬的状态。

人们觉得幸福，并不是因为他们拥有的多，而是因为他们索取的少。自在安逸，自得其乐，我眼中哥斯达黎加人的生活当是这句话的真实写照。

哥斯达黎加　彭塔雷纳斯
Costa Rica Puntarenas

如果哥斯达黎加的利蒙是贫穷的话，那彭塔雷纳斯只能是赤贫了。港口周围都是破旧的平房，沿海岸有一条铁轨，可铁轨显然是被废弃的，杂草丛生，某些地方还堆放着生活垃圾。不过作为太平洋沿岸的港口，彭塔雷纳斯距离首都圣何塞就近一些，因此，首都圣何塞的一日游成了大多数邮轮乘客的不二选择。

从彭塔雷纳斯驱车约2个小时便能到圣何塞，而这一路，是哥斯达黎加的文化之路。

萨尔基（Sarchi），前往圣何塞途中的一个文化小镇，有着近100年的历史，这里以车轮制作与装饰闻名。Eloy Alfaro，一个成立于1923年的手工作坊，至今依然向游客展示着这种古老的技艺。艺术都是从生活中产生，以农业为主的哥斯达黎加人将审美添加进了日常所见的牛板车车轮中。小作坊的陈列以时间顺序介绍了车轮艺术的演变。1928年，车轮制作产生，木工将木头锯成16个大小一致的扇形组合成圆形木轮，据说这样的拼接最为牢固，不会随着使用时间长而散架。之后再在车轮外围镶上一圈铁皮，镶铁皮的过程全程由

水力推动，工序一开，小溪流推动总动轮，带动各级齿轮，连着传送带，将车轮放进大小一致的滚轮中，铁皮便沿着传送带嵌在车轮上，之后便是制作中央轴承。从1935年起，人们在车轮上增加了彩绘，彩绘不仅美观还防腐。车轮的主色调为红、蓝两色，装饰图案大多为花朵和几何造型。现在的农业生产早已用机器代替了牛车，而这种原用于牛车的车轮也越做越小，成为了观赏性的艺术品。小作坊里的传统绘画艺人，有着至少十多年的工龄，他们还将这种绘画技艺运用在木质托盘和巨嘴鸟的羽毛上，

制成精品的纪念品。整个小镇的街头装饰物都是小车轮，连小桥也被涂上红色的车轮彩绘。从萨尔基前往首都，经过格雷西亚（Grecia），还能看到一座由红色铁皮制作的金属教堂。

进入首都，终于有了城市的感觉，和所有的国家一样，首都总是一个国家资源的汇总地，不仅是商品或是人才这样的有形物，还有文化、艺术、权力等这些更为重要的无形物。导游一直说哥斯达黎加是一个文化多样性很丰富的国家，到了首都，我才真正承认了这一点。市中心的主体建筑群、市政厅、国家博物馆和国家剧院都是欧洲遗风，而大商场和超市，与现代的城市一般无二。

漫步城市中的感觉，和在任意一个欧洲国家的城市里的感觉相类似。这

里最杰出的代表当数国家剧院。国家剧院由一位意大利设计师设计建造，故而国家剧院有着极强的意大利风格。美惠三女神的雕塑立于大厅之内，白色的拱形窗棂，还有文艺复兴时期的穹顶彩绘，但彩绘的内容却透出国家特色，画的是在田间劳作的哥斯达黎加人民，其中一幅还是一位男性劳动者抱着沉甸甸的香蕉。剧院外，只见一位少女伏在地上，手执画笔，正在对褪色的墙面进行修复。由此可见哥斯达黎加对文化艺术的保护和重视。剧院内部总共三层，最特别的第二层中间正对舞台的小包厢，它以前是专为哥斯达黎加皇室准备的，椅子配了抓绒坐垫，包厢里还有镜子。据说，在欣赏表演的间隙，人们可以到剧院三楼的大厅聊天，只不过男女会分开。现在，国家剧院对所有公众开放，每晚都有特邀和常驻剧目上演。

幕布拉开，国家剧院的爱情故事娓娓道来。年轻的意大利建筑师来到哥斯达黎加建造一座欧洲风格的剧院，在建造期间，他爱上了当地的一位年轻姑娘，他向姑娘求婚。哥斯达黎加姑娘虽然答应了，但姑娘眷恋祖国，提出剧院建成后，不随建筑师返回意大利，建筑师也答应了。四年后，剧院落成，建筑师提出要带姑娘返回意大利。姑娘说，你忘了吗？你答应过我留在哥斯达黎加的。建筑师指着中央穹顶说，你看，我不是永远留在哥斯达黎加了吗？姑娘向中央穹顶望去，只见穹顶上留下了建筑师大大的签名。

与国家剧院只有一个小广场之隔的是哥斯达黎加的黄金博物馆，黄金博物馆位于地下，展示了哥斯达黎加传统的黄金制作工艺。原住民们先用黏土捏出造型，然后用融化的黄金注入冷却成型。原住民的头部、胸部和手腕脚腕都会佩戴黄金饰品，不仅美观，还有保护作用。黄金并非纯金，而是加入了少许的铜，可以降低黄金的熔点，更易于制作。

黄金饰品的造型多以哥斯达黎加生活中的常见动物为原型，豹子、蝙蝠、

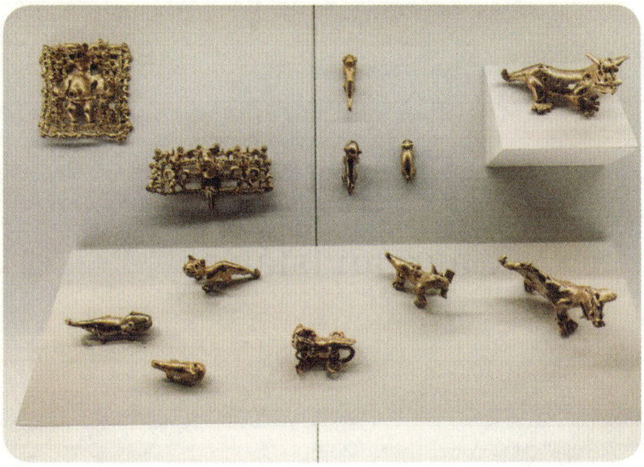

鹦鹉和巨嘴鸟等。哥斯达黎加的人认为每一种生物都有一种独特的精神，都值得被尊重，而哥斯达黎加最推崇的是豹子，他们认为豹子代表了矫健、勇猛和力量，是一种极为完美的动物。除此之外，还有大小不一的鸟类饰品，鸟类饰品的造型统一，除了鸟的头以外，身体部分都是扁平的，像一个中文的汉字“大”。原住民相信鸟类来自天国，所以这些饰品多为陪葬品，带着对来世的美好祈愿，当然，地位越高的人民所佩戴的饰品也越大。还有精美的陶器，原住民们也懂得男女搭配干活不累的道理，陶器制作都是由女性完成，女性还从当地的植物中获取天然黑色染料进行绘画创作，同时也把这种黑色染料和从胭脂树上获取的红色染料绘在自己身上作为最天然的“衣服”。

在加勒比海的国度待得越久，越深入了解各个国家文化，就不得不叹服，每个国家都有属于自己的灿烂文化，而这些文化又反映出人类的共同祈愿：崇拜自然，敬畏生命以及对美的不懈追求。

英属开曼群岛
Cayman Islands

Have you been to Hell?

你去过地狱吗?

Yes, I have.

是的，我去过。

一段无厘头的问候，却莫名戳中了我的笑点，用在开曼群岛却再合适不过。在英属开曼群岛上，有一个知名的景点就叫作“地狱”。

没有阎罗殿，没有黑白无常，地狱面积不大，而且长相实在普通。一眼望去，不过是遍地黑灰色的尖锐岩石，这些岩石

有着与火山岩的相似外貌，其本质成分是石灰岩，这些石头在几万年前被海藻蚕食，被矿物质元素侵蚀，就成了如今的模样。

旅游景点的命名，通常有哗众取宠博眼球的目的，而地狱的得名由来却很漫不经心。

据说，在很久以前，一位英国的行政长官来到这座岛屿旅游，敏感的他来到了这个地方，突然大叫：“My god，this must be what hell looks like！”（天啊，地狱大概就长这样吧！）于是，从此这个地方就被称为了地狱。

还有传说，曾有一名叫作 Cardinal 的英国长官和几名好友一起来到这个地方参加鸟类捕猎的远途旅行，在地狱附近，他瞄准了目标，开枪射击却没有命中，当他回过头去看，再也寻不到鸟的踪迹了，于是他大喊一声“Oh hell”，这个地方就被称为了 Hell“地狱”。

地狱只可远观，千万别翻越栏杆进去，因为这些石灰岩非常尖锐，很容易扎伤人。

连命名都如此漫不经心，当地人对于地狱的旅游宣传更是充满了幽默和

调侃。在景区边上有一家纪念品商店，出售着地狱特色明信片，1美元两张，看看上面都写了什么：

I have been to Hell and back.

我去过地狱又回来了。

I' d rather to go Hell than to work/school.

比起工作和学习我更喜欢去地狱。

Hell was full so I came back.

地狱人满为患，我只能回来了。

而来地狱旅游，最有意思的项目也从看地狱变成了从地狱寄明信片，因为最好的纪念品便是带着地狱邮戳的地狱明信片。

地狱周边的房屋和设施也都沾了地狱的光，跟着邪恶起来。停车场的标语是“Devil' s parking only”（只有魔鬼才能在这里停车），周边房屋还有着各种小鬼的人形牌，可以让游客合影。

在地狱的不远处是开曼群岛的朗姆酒蛋糕工厂，朗姆酒是开曼群岛的特产之一。这里的朗姆酒蛋糕其实就是一块软蛋糕，与一般的戚风蛋糕有些类似，包装在六角形的盒子里，除了原味朗姆酒味外，还有巧克力味和椰子味的。在购买之前可以先免费品尝。品尝过后发现，所谓的朗姆酒蛋糕不过是一个“坑爹”产品，如果想尝尝带酒味的蛋糕还不如吃一个蛋黄派呢。其实在糕点类产品里加入食用酒精是一项常规操作，一来酒精可以锁水，便于食物保存，二来酒精可以增加食物的风味。所以蛋黄派、小面包之类的都会吃出酒精的味道。只不过朗姆酒蛋糕用当地的朗姆酒代替了食用酒精而已。如果品尝，一定不要错过原味的，因为原味的蛋糕上面一层薄薄的朗姆酒层味道比较浓郁，还能尝出朗姆酒的味道，其他口味的和普通蛋糕没有什么不同。

在开曼群岛旅游，千万不要只盯着地面，多抬头看看，说不定一只大蜥蜴正注视着你呢！这是在开曼群岛旅行的特别体验，这里的蜥蜴喜欢爬上人们居住的房屋，注视着道路上人来人往，车水马龙。更奇特的是，蜥蜴的皮肤颜色会随着环境而改变，它们爬上屋顶的时候，皮肤会变成如混凝土一般的灰色，再加上它们在屋顶上几乎一动不动，远远看去还以为是屋顶上的镇宅兽呢。

虽然地狱在开曼群岛，但是开曼却是一个天堂，一个富商和企业家的天堂。从开曼群岛乔治城的港口出发是连绵11公里的白沙滩，远处的海水从浅蓝到深蓝再到深黑有层次地渐变着，沿着11公里海滩遍布高级奢华酒店，妥妥的不差钱。如果岛屿分成有钱和没有钱两类的话，那开曼群岛绝对是有钱

岛中的土豪岛，因为这里是免税中心，许多企业都选择来这里注册。

对比海滩的热闹，岛屿北部的朗姆角则宁静许多。三间酒吧，一幢房屋，酒吧前是一排排彩虹色的桌椅，海滩上的树被挂上彩灯，还有栈桥、沙滩椅、吊床。一头扎进海里浮潜，累了，就躺在沙滩椅上看会儿书，饿了就在酒吧餐馆里点一份烧烤充饥。这不就是人人向往的岛屿度假生活吗？

值得注意的是，停靠开曼群岛的时候，邮轮上会挂起横幅“Security warning：50 miles away”（安全警告：请与本船保持50英里远的距离），十有八九是防海盗吧。

牙买加　奥乔里奥斯

Jamaica Ocho Rios

“YAMAN！”

听起来有点像“牙买”，这是牙买加人见面最常说的一句问候语，意思是“是的，好的”。

牙买加是加勒比海中的第三大岛，邮轮停泊的地点奥乔里奥斯（Ocho Rios，西班牙语里意为八条河流），是牙买加北部的一座城市。据说，当时哥伦布发现新大陆的登陆点就是在这里，因此，牙买加也受到西班牙文化的影响，语言、饮食和建筑都有着西班牙式的特点。历史故事赋予了这座城市别样的意义，也吸引了更多的游客前来。

Dunn’s River Falls，去牙买加旅游过的国人还比较少，查了一圈，竟没有合适的中文译名，姑且音译为邓恩瀑布吧。邓恩瀑布是牙买加知名的旅游景点，离港口不过6公里多，10分钟左右的车程。因此，绝大多数的邮轮乘客都会选择在奥乔里奥斯报邓恩瀑布的旅游团。

对一个走遍三川五岳的人来说，牙买加的这款瀑布在视觉效果上恐怕入不了眼。不像庐山瀑布，从高耸的峭壁上飞流直下，让人只能远观，邓恩瀑布

下的石头大多为大块原石，瀑布是台阶式下泻，坡度平缓得多。“接地气”是邓恩瀑布受人欢迎的真正原因，而参观邓恩瀑布最好的方式就是爬瀑布。

前来的游客都会换上泳装，穿上防水鞋，没有防水鞋的可以在景区外购买，或者直接穿凉拖上阵也可以，物品可以寄存在入口处。瀑布的入口有两条通道，爬瀑布和只参观瀑布的游客被分为两拨。但实际上游客基本都会选择爬瀑布，原因有两个：其一，如果只参观瀑布，那么游客就只能待在瀑布旁边的游客通道上，只能从侧面观赏瀑布，拍照还会被树荫遮挡，拍不到全景；其二，因为选择爬瀑布的游客实在太多了，一眼望去，瀑布中都是人，还不如参与其中呢！

爬瀑布的时候还有一个选择，一种是完全自己爬，另一种是付费跟景点的向导一起爬。两种各有各的乐趣，因为坡度缓，只要不因为急躁踩空，自己爬其实也不需要担心安全问题，当瀑布水流漫过脚背的时候，这种体验的兴奋感会让人不想停下来。如果和向导一起的话，一般以10人为单位，游客们手

拉着手，可以体会集体协作带来的乐趣，期间，向导还会指示游客做出不同的动作增加体验趣味，比如倒数123，向后仰倒栽进水池中或者在瀑布水流下摆各种姿势拍照，让瀑布水流把外国游客的卷发冲淋成泡面状等。每个团队都有景点的摄影师和录像师随行陪同，可以记录爬瀑布的整个过程，从下游到瀑布顶端1到1个半小时。

体验完了水中冒险，紧接着来一段空中冒险。

Mystic Mountain，神秘山，离邓恩瀑布约5分钟车程。

“千万看好自己的物品，不要掉东西，因为掉什么没什么，包括手机、钱包、老公、老婆……”景区管理员如此打趣地说道。

此言不虚，从山脚搭乘升降椅前往山顶。升降椅最多可以一排坐四个人，座椅的设计近乎悬空，对于恐高的人而言，这真是一个不小的挑战。在上升的过程中向左望去是连绵的沙滩和停泊的邮轮，向右望去是绵延的雨林和山脉。

当然对于大多数人而言，这样的程度只是观光不是冒险。到达山顶后，更值得体验的是 Bobsledding，牙买加雪橇。

牙买加雪橇外观看起来像迷你版的卡丁车，其实就是滑道体验。雪橇行进主要靠惯性，要制动随时都可以，驾驶的时候将双脚前伸放在控制杆上，双手控制两根拉绳，要向左转就拉动左边绳，向右转亦然。下滑的时候速度极快，犹如过山车一般的体验，平稳的时候则可以观赏到热带雨林不同层的植被变化。

体验完牙买加雪橇后，不妨在神秘山山顶小坐片刻。有固定的土著乐队驻唱，可以买一些特色的牙买加手工纪念品，还有一个蜂鸟公园可以近距离观赏蜂鸟。纪念品商店旁还专门留了一小块区域做成了牙买加的环境、文化与历史微型展览。

Out of many，One people.（出类拔萃，一个民族。）整一面展览墙字体最大最先看到的就是这一句，是对牙买加民族精神品格的总括，而这句话还被刻在牙买加的硬币上。

旅行者眼中的目的地特色和当地人眼中的家乡特色经常是不同的，这是旅行的特别体验之一。打个比方说：A 市人觉得 B 市的 C 货很好，是知名特产，可是，居住在 B 市的当地人却更加推崇 D 货，对 C 货却不置可否。因此，如果对一个国家欣赏或者好奇，最好的方式还是到当地一游。旅途中的真相经常会刷新旅行者的三观。

提起牙买加，稍微有一些小资情结或文艺情怀的人都会想到蓝山咖啡。蓝山咖啡的品质和口感在咖啡界可以排名第二（第一尚有争论）。优质的蓝山咖啡是指产自牙买加境内蓝山一定海拔高度以上的小圆咖啡豆，因其煮出来的咖啡甘酸苦三味调配适宜，味道醇厚而闻名。本以为当地人和导游会对蓝山咖啡大力推崇，可事实是在几趟牙买加的旅程中，不仅没有导游提及，而且蓝山咖啡豆和咖啡粉在港口特产中心也不是最受欢迎的产品。另一个事实是优质的蓝山咖啡资源90%都被日本企业控制，大量用于出口，而且日本是第一出口国。所以即使是生活在牙买加的当地人都不一定能喝到纯正优质的蓝山咖啡。中国的咖啡文艺青年们如果想喝纯正的蓝山咖啡，还不如去邻国日本更方便。蓝山咖啡是典型的墙内开花墙外香啊。

那当地导游推荐什么呢？第一，是一种调料 jerk。与中国的老干妈类似，是一种带有辛辣味的调味品。导游阳光（Sunshine）一路说着 jerk 的各种口味，眉飞色舞。感觉 jerk 对于牙买加人就像咖喱之于印度人一样，吃什么样的菜就可以加什么样的 jerk。第二，是牙买加的酒，始建于1749年的 Appleton Estate 是牙买加最著名的朗姆酒生产酒庄。在牙买加的地位堪比中国的茅台，而且和茅台一样属于蒸馏酒，年份越高，酒的颜色越深，这种酒没有出口中国，因此在中国还买不到。在港口免税店品尝了一口12年的酒，轻轻抿一口，只觉得舌尖微麻，接着是一股浓郁的酒香扑鼻而来，之后才感觉到酒精的味道，口感顺滑绵密，同行的邮轮游客也一个劲地喊“quite smooth！”（非常顺滑）。

除了蓝山咖啡，中国人熟悉的还有飞人博尔特。在神秘山山顶的展览区里，专门有一个专栏介绍牙买加的体育竞技名人。本以为博尔特会是这个专栏的头版，可发现博尔特简介是体育类专栏墙的最后一个，差点找不到。可见，中国媒体对于博尔特的焦点过多，使在人们潜意识中认为博尔特不知不觉代表了整个牙买加体育。

真正能够代表牙买加，在牙买加人心目中成为牙买加精神象征的其实是一位音乐家——雷鬼乐之父鲍勃·马利（Bob Marley）。精神力量远比物质来得强劲而持久，想知道鲍勃·马利在牙买加当地人心中有多神圣？随便走进一家牙买加的纪念品商店都可以看到牙买加的纪念T恤衫，而T恤衫上只有两种图案：一种是牙买加的英文字母JAMICA，另一种就是鲍勃·马利的头像。牙买加的当地酒吧和餐馆里都是列表循环播放鲍勃·马利的歌。在街区里遇到弹吉他的流浪音乐人，他会对你说：“想听正宗的雷鬼乐吗？”因为鲍勃·马利出生的圣安娜区就在奥乔里奥斯，所以这里对鲍勃·马利的推崇也更为浓烈。

离开牙买加的时候，嘴里还有朗姆酒的余味，手机里多了鲍勃·马利的歌曲，正宗的蓝山咖啡已经被同事瓜分，心绪还停留在邓恩瀑布里。

牙买加，这个热情的国度，已经留在心里。

尼加拉瓜　南圣胡安

Nicaragua San Juan Del Sur

Hacienda Amoyo，一个坐落于尼加拉瓜湖边上的文化度假村，距离尼加拉瓜港口南圣胡安的里瓦斯不到1小时车程。

几百年前，来自西班牙的Hurtado家族跟随殖民浪潮来到了尼加拉瓜的这片土地上，建造了Amoyo家族庄园以及一片风车磨坊，成为这片土地的主人，开始了原始的农业生产。家族生产模式被周围人所效仿，于是越来越多的家族磨坊在这一带产生。产业更迭，时移世易，周围的家族磨坊都已经消失，而Amoyo依然于原址存在，见证了这片土地的百年时光，原本的风车磨坊早已经变成了现代化的白色风力发电机，度假村现在的主人也已经变成了Barrios家族，尼加拉瓜的第一任女总统Violeta Barrios Chamorro正是出自这个家族！Amoyo正是她幼年成长生活的地方，而现在的经营者便是这位女总统的外孙女。

人们说，管中窥豹，Amoyo不就是吗？待在这座家族庄园中，与现在的经营者交谈，尼加拉瓜自殖民时代起的文化便缓缓铺陈开来。

Amoyo的主体建筑是一座红瓦屋。内部陈设简单，现在常年对外开放，

游客可以租用里面的房间，周围还有保安负责安全。

既然是文化度假村，文化必不可少，Barrios家族为访问者奉上的第一道文化大餐是尼加拉瓜的传统舞蹈，由两位乐师分别用马林巴琴和吉他为舞蹈伴奏。第一段舞蹈名字叫作La India，这种舞蹈诞生于殖民时代之前，是所有尼加拉瓜原住民的舞蹈，女方身穿颜色鲜艳的大摆裙，头发编成两股麻花辫，头戴彩色花环，男性着长袖长裤，头戴宽边草帽；舞蹈风格是自由奔放的，女性双手执裙摆，手臂随音乐前后摆动，或者转圈，男性则一手叉腰，一手高高扬起，有欣赏邀请的姿态，很原始、很自然。第二段舞蹈El Mestizaje，这段舞蹈表现了殖民者到来后的文化风貌，表现了一种多文化的融合。女性的花环换成了带羽毛的帽子，手执一把扇子，而男性则多了披风，披风和帽子上都多了花卉装饰。起舞时，男女双方多了眼神

交流，随着音乐靠近又分离，欲拒还迎，分明是以舞调情。第三段舞蹈 El Viejo y la vieja 最有趣，是尼加拉瓜老年人的舞蹈，舞蹈者戴着大大面具，面具脸谱非常滑稽，像京剧里的丑角，但没有京剧脸谱的夸张，舞蹈者身穿花衬衫花裙子，花里胡哨，女舞蹈者驼着背，男舞蹈者则拄着拐杖摇摇晃晃。如果说第二段舞蹈是调情的话，那么这第三段舞蹈简直是赤裸裸调戏，男舞蹈者会用拐杖时不时打一下女舞蹈者的屁股，女舞蹈者则会用手肘顶男舞蹈者的腰，舞蹈者还会邀请访问者一起参与，也许这舞蹈便是老人们内心的真实反映吧，有着返璞归真的自然。

第二道文化大餐是饮食。家族主人向客人们展示尼加拉瓜传统主食 Tortilla（墨西哥薄馅饼）的做法。这个名字来源于墨西哥卷饼并与之重名。Tortilla 的做法并无特别之处，类似于中国的烙饼。区别在于中国的烙饼用面粉，而 Tortilla 是百分之百玉米粉。将湿润的玉米粉放于已经剪好的圆形塑料纸上，然后用手指贴着塑料纸按出大小一致的圆形，放到圆形铁皮烤桶中就行了，因为用的是玉米粉，黏性不够，烤的时候容易裂成两半。烤完后撒上一些盐巴就算大功告成。

接着是尼加拉瓜的特色午餐自助 Caballo Bayo。桌上八个大瓦罐一字排开，每一个瓦罐里都是一种菜肴，菜肴都是切成丝或者剁成末的，瓦罐下还有火盆，对菜肴进行保温。瓦罐前方的小碟子里盛放着各种调料和调味品。每一道菜旁边还有一块石灰岩，上面写着菜肴的名字。点心是用椰子、牛奶和木瓜为原料做的。访问者用餐的时候先取一个小瓦盘，盘上放上一片圆形棕榈叶，取一把叉子便开始选择自己喜欢的食物了。主人在分发食物时会用两片陶片夹起食物再盛放到客人的陶盘中，还会时不时地用陶片在瓦罐里翻炒以保持受热均匀。果汁都是用当地的时令热带水果鲜榨而成，主要是木瓜、鲜橙和芒果的混合饮品。餐后可以欣赏简单的骑马表演，跳入泳池游泳，体验挤牛奶，还有特色的手工纪念品出售，累了可以随意躺上一张吊床或者直接在躺椅上休息。

红瓦屋后是一片花园，直接连着尼加拉瓜湖。尼加拉瓜湖是中美洲最大的淡水湖，可是它却有着海洋有的所有特征，有潮汐，有风暴，还有鲨鱼等海洋鱼类游于其中。火山是尼加拉瓜的景观特色，境内26座火山，活火山就有7座。湖中就有两座双胞胎火山 Maderas 和 Conception，形成湖中陆地。火山上，依然有原始的尼加拉瓜部落居住，两座火山相连，涨潮时，海水漫过陆

地，两座火山之间的人民便需要划船抵达，退潮时，则可以直接行走于陆地，而这两块陆地因为不断喷发的火山灰堆积，还在慢慢扩大中。

一边吃着墨西哥卷饼，一边眺望不远处的尼加拉瓜湖与火山，听着女主人讲述 Barrios 家族的灿烂历史，静静地坐一个下午，如果好时光都是用来被浪费的，那么在尼加拉瓜，Amoyo 是个好地方。

墨西哥　瓦图尔科

Mexico Huatulco

这是一个完全由邮轮旅行发展起来的港口城市，这是我对它的第一印象。

热，是进入这城市以后身体的第一反应。都说北方干热像烤箱，南方湿热似蒸笼，这里，上午干热下午湿热，两者都全了。

参观这座城市有三种方式：陆、海、海陆兼备。

坐车参观是无聊的。沿着港口向东开半个小时，到达一个小镇，主要目的是——购物。向西开半个小时，能开到附近的山崖之上，俯瞰邮轮停泊港口的美景。

坐观光游船参观就有趣多了。

瓦图尔科最值得欣赏的美景就是围绕城市的九大海湾以及每个海湾都各有特色的海滩，坐观光船变成了最佳的游览方式。游客们登上两层的观光游船，从邮轮港口圣克鲁兹出发，一路可见建筑风格各异的五星级酒店和度假村，城市风光像南法的戛纳。

观光船上有解说员，他西班牙式英语听得人云里雾里，不过他很幽默，幽默的方式是在讲故事时突如其来地拉关系。

“这块礁石我们称为人脸石，看，它像不像一个人的侧脸，我和我儿子第一次看到他的时候都觉得不可思议，看，我儿子就在那山崖上。”游客顺着他手指的方向望去，果然有一个小男孩，大家都觉得有一些惊奇。

“后来我回家以后，把看到的告诉了老婆，喏，我老婆就在那儿。”游客们又齐刷刷地顺着他指的方向望去，只见一个穿当地传统服装的妇女正在山崖栈道走过。不少游客 get 到了解说员的“计谋”，不由得发出一片嘘声。

恩特雷加海湾（la Entrega）和米饭湾（El Arrocito）没有风浪，沙子细白。塔果鲁达湾（Tangolunda）是最大的海湾，也是继圣克鲁兹海湾之后游客最多的海湾，可下脚的地方已经被沙滩伞占满。而有些海湾如卡卡鲁塔（Cacaluta），还没有被开发，只能坐游轮远远观望。

为了拍风景，我占了二楼驾驶员附近的座位，结果喜从天降，被驾驶员邀请驾驶游船。左满舵，右满舵，转弯，减速，没想到在墨西哥的一个海滨小城竟真做了一回航海王。

“咦，这不是我们的摄影师吗？你今天怎么变成开船的啦？换工作了吗？要不要我们给你拍照留念？”没想到会如此容易地被乘客们认出，以至于此后的一天，遇到同行的游客还是会被爱心问候。

驾驶员还陆续邀请二楼同座的其他乘客体验游船驾驶，驾驶员只会说西班牙语，但还是可以从他和善的目光中感受到他想让游客获得最佳体验的心。而解说员和服务员也在中途忙着为游客们分发花生米和自家特制的龙舌兰酒给游客解乏。

对于惯于享受海滩的美国游客而言，其实在这座城市打发时光的最好方

式就如他们一如既往做的那样——冲浪、裸泳、晒太阳。涂上美黑膏，将身体埋进沙堆里，结结实实地将皮肤色号晒得至少黑上两度，如果没到，就继续躺着，如果到了，就起来走到沙滩边酒吧店主搭的凉棚里点上一杯炽烈的龙舌兰酒。墨西哥人也爽快，这酒杯是碗大的玻璃杯，碗口扣着半只柠檬。我心想，这刚晒完烈日的美国人再来一杯烈酒，身体还不像炭火一样，里里外外都红透了！

看这杯子也能看出墨西哥人的海量，不知道和中国的东北汉子拼起酒来，谁更胜一筹呢？

墨西哥　巴亚尔塔港

Mexico Puerto Vallarta

“有一天我醒来——我认为我是醒来了——我意识到我真的在爱。到底是谁发明了爱这个概念？我绞尽脑汁也找不到答案。”

这是他给她的情书，那时的他们正在热恋。

他们的组合是金童玉女，他们的婚姻是世纪之恋。

1964年，他们因为工作来到了巴亚尔塔港，同时在这里度过了他们的新婚蜜月，不过再低调的行为也没有躲过高调的媒体，这个墨西哥的美丽海滨城市成了众人的焦点。

他是理查德·伯顿，她是伊丽莎白·泰勒。

巴亚尔塔港也从此成了广为人知的度假胜地之一。

白色，是这个城市的代表色，这里，是墨西哥的圣托里尼。

白色房屋对太阳光线的反射使得这座城市明亮、火热又浪漫。白色小屋建立在面海的小缓坡上，层层排排。某些房屋之间还有绿、白、红三色交替的剪纸作品相连作为装饰。这是墨西哥国旗的颜色。绿色象征独立和希望，白色象征和平与宗教信仰，红色象征国家的统一。

沿着海湾漫步老城，于我而言，就是强化这三种颜色的过程。

绿色，是海湾里青铜雕塑的颜色，海滨广场里，拉斐尔的小男孩骑海马的雕塑便是这老城的地标。

白色，是圣母教堂前孩子们衣服的颜色。老城的圣母教堂，主楼的顶端是一个巨大的钻石王冠，王冠顶部是一个小十字架。墨西哥是信奉天主教的国度，四月底，猜不出是什么教会节日，但我被教堂内外数十位身穿白衣的小天使们吸引。本以为是一个婚礼，后来发现是一个庆祝孩子们成长的节日，每一位孩子都由家长陪同，女孩子都穿着白色的棉布连衣裙和白色的蕾丝边袜子，男孩子则一身白衣白裤。这一天的教堂好不热闹，教堂前是各种孩子们爱吃的小吃，还能听到不停为孩子们拍照的咔嚓声。

红色，是舞蹈者舞裙的颜色。海马雕塑的旁边是圆形小广场，正在举行一年一度的巴亚尔塔港国际艺术节。来自中南美洲国家的十几个舞蹈团聚集在这小广场里互相切磋舞技。墨西哥的舞蹈从着装到动作都很像西班牙的弗拉明戈，但是更热情、更奔放。女舞者将头发绾起，配上花朵或蝴蝶结形状发卡，裙身色泽鲜艳、宽松，裙摆极大。舞者跳舞时双手捏住裙摆来回摆动，身体婀娜旋转，与男舞者深情

对视，眼角眉梢，风情万种。

墨西哥，继法国、意大利、西班牙、土耳其和日本后，第六个以美食打动我的国度。没到墨西哥前，我对墨西哥的食物还停留在肯德基墨西哥鸡肉卷的门外汉阶段，到了墨西哥后，美食成了我决定再次拜访的动力。

墨西哥，一个把玉米做到极致的国度。各种玉米片塔克（taco）已经成了烂大街的小吃，就和中国烧饼一般，更高一级的是玉米薄饼，可以做轻主食了。惊艳了我的是玉米松露浓汤，味道鲜美。玉米松露（Huitlacoche），有着玉米粒的形状加蘑菇的颜色，是一种在玉米上长出来的蘑菇，菌类侵略了玉米，把玉米粒变成了一个蘑菇。这种改变让玉米尝起来有了松露的味道。墨西哥人食用玉米松露有六百多年的历史了，他们会在汤、玉米饼和煎蛋里都放玉

米松露，甚至还会做玉米松露冰淇淋。配菜是金枪鱼鳄梨沙拉，将半个鳄梨中间掏空，金枪鱼肉和玉米搅拌成糊状填入鳄梨中，再搭配一小口龙舌兰酒，只觉得爽！可惜胃只有一个。

米巴业尔塔港度假，一定要选择一价全包（all inclusive）并且建造在沙滩边的酒店。在城市里逛累了可以直接漫步到海滩上，躺在沙滩椅上，看沙滩降落伞起起落落，兜售草帽的小贩来来回回，那小贩头顶20多顶堆叠的草帽，手里还托着5顶，也算是这里的一道风景了。

Part 5

阿拉斯加航线　Alaska

每年的 5 月到 9 月，数百万的游客会乘坐邮轮来访问阿拉斯加的夏天。其中，有许多年过古稀的老人，他们会带上全年一半的退休金来享受在阿拉斯加 7 天的邮轮假期，圆生命终结前的梦想。

这就是阿拉斯加的魅力。

Visit Alaska， Do not see it， experience it!

来到阿拉斯加，不要仅仅是看，要去体验。

是海陆空全方位的体验，是从身到心的探索。

阿拉斯加，人间的最后一片净土。一路向北，美景和文化双双铺陈开来，夏季的阿拉斯加是名副其实的黄金海洋。

美国　科奇坎

America Ketchikan

鲑鱼，还有一个更亲民的叫法——三文鱼。

阿拉斯加的原住民很早就以捕食三文鱼为生。

Pink：粉鲑鱼，排名老五，身形最小，鱼腹白色，肉色淡，肉质也淡。

Chum：小四，绰号“狗”（此类鱼在阿拉斯加土著语里被称为 Keta，意为狗），身形较老五稍长。

Coho（Silver）：银鲑鱼，肉质粉红色，味道鲜美。

King：老二，市场上最受欢迎的三文鱼，身形最大，长可至半米，肉质适中。

Sockeye：袜子眼，品质最好的三文鱼，肉质呈红色，也被称为红鲑鱼，肉质天然鲜美，烟熏后的罐装红鲑鱼肉是阿拉斯加销量排名第一的特产。

现在，人们为了方便记忆，便用五根手指的英文来表示太平洋的五种鲑鱼。大拇指代表 Chum，发音与英文拇指 Thumb 韵母相同；食指是 Sockeye，人们吸烟使用食指夹烟，同时是取 smoking 烟熏之意；中指代表 King，最长；无名者代表 Silver，无名指通常戴婚戒，而婚戒多以铂金打造，呈银色；小指

Pink，最小，英文 pinky 也有小拇指的意思。

三文鱼

科奇坎的鲑鱼罐头产业自1880年开始，有一套完整的流水线，这产业一直延续至今。

科奇坎分为新城和旧城，城市沿海，总共四个邮轮泊位，两个在新城，两个在旧城，新旧城相连，从旧城走到新城，不过15分钟，中间以一隧道为标志。新城就是以捕鱼业和罐头制作工业而发展起来的。若邮轮停在旧城，一出港口，便可以看见“世界三文鱼之都”拱形欢迎招牌。

世界三文鱼之都，这是属于科奇坎的荣耀。

三文鱼罐头、鱼干、鱼松、鱼子、鱼子酱都是深受游客欢迎的伴手礼。

城市里，主街上，出售鲑鱼罐头的特卖店十步一家。

店主们都很大方，所有的鲑鱼罐头都可以试吃，店主们也总是在低头忙碌，因为免费的样品总是供不应求。取一小块苏打饼干，抹上一层薄薄的淡奶油或者白奶酪，再放上一小丁三文鱼肉。苏打饼干既中和了烟熏三文鱼的咸味又凸显了鱼肉的质感。若把每一种三文鱼的样品都吃一遍，也差不多半饱了。大约是囤货太多，在7月三文鱼盛季来临前，店家们都推买一送一的活动。

三文鱼是阿拉斯加的宝贝，它们被制作成美味可口的食物，它们的出口为阿拉斯加带来源源不断的经济收入，滋养着一代又一代的阿拉斯加人，而这些只是看得见的部分。看不见的部分则更让人惊奇。

“如果想要解答宇宙的疑问，就到森林里去走一走。”约翰缪尔在《阿拉斯加行记》中这样感慨。

阿拉斯加的东南部区域有着全美最大的通加斯国家森林公园（The Tongass National Forest），占地1700万公顷，包含1000多座岛屿和24000公里的海岸线。邮轮所航行的内线航道和停泊的港口都在这一片森林之中，整

个阿拉斯加东南区域的社会、经济和文化都与这一片森林密不可分。

而三文鱼，已经是整个森林生态不可分割的一部分。

每年冬天，成年的三文鱼都会成群地游向南太平洋温暖的海域觅食，而夏天，则会返回阿拉斯加淡水区产卵。一到7月份，阿拉斯加的水域就会被成千上万的三文鱼占满。在一些清浅的溪流中，三文鱼的数量可以用密密麻麻来形容，足以让密集恐惧症患者头皮发麻。他们在溪流中并不怎么游动，也不知是正在产卵还是因为“交通拥堵”游不起来。

阿拉斯加的自然学家们发现，那些有三文鱼游过的水域周围的森林，期间的云杉生长速度竟比其他区域的快三倍。经测定，这些水域周围泥土中的氮元素含量远高于平均水平。三文鱼是一种富含蛋白质的鱼类。在游动中，死亡的三文鱼，鱼肉腐烂，蛋白质分解出来的氮元素被泥土吸收继而滋养周围的林木。反过来，这些茂盛的杉木又为三文鱼的鱼卵提供了足够的营养，也保护了幼鱼使它们更好地生长。同时，秃头鹰和黑熊也以三文鱼为食，氮元素就像血液，它的流动推动了当地整个生态系统的

运转，三文鱼功不可没。

图腾柱湾　Totem Bight

森林意味着大量的木材资源。阿拉斯加内河航道的第一批原住民——聪明的特里吉特 Tligit 人，利用并享受这自然的恩赐，与之和谐共处，也把自己的文化烙印在这高耸入云的云杉之上。

和古埃及的莎草纸与古巴比伦印有楔形文字的泥板一样，特里吉特人把他们的所见所闻、所经历的故事都留在了图腾柱上。红、黑、青是图腾柱图案的主要色调，红色颜料来源于三文鱼鱼卵，青色来自鹅卵石和矿石粉末，黑色取自木炭灰。绘制出的图案宽大生动又透出一股原始笨拙之气。图腾柱的制作需要数人耗费数月完成，最后也是由数人利用杠杆原理矗立在特定位置。

对图腾柱的文化体验，可以选择科奇坎郊外的图腾柱湾（Totem Bight）

和萨克斯曼土著村（Saxman Native Village）。这两处都还原并复制了特里吉特的房屋和几处有特色的图腾柱。

特里吉特人是母系社会，社群被分为两个部族，鹰（Eagle）部和鸦（Raven）部，因此，老鹰和乌鸦也成了图腾柱上最常出现的两种意象。不同种类的图腾柱有不同的含义：氏族房屋前的图腾柱最显眼，图腾柱嵌于屋前，根部凿空，正好是氏族房屋的正门；带纹章的图腾柱则记录着发生过的故事；还有丧葬柱，记录死者生平，并随其火化。

19世纪末，一位叫作威廉的州秘书长来到科奇坎的萨克斯曼土著村做客访问。正值冬节，当地的土著居民以庆宴相请，以礼相赠。可这位秘书长并不懂当地的传统礼节，两手空空而来，之后也未以同样的庆宴回赠。结果，这件事就被特里吉特人记录在了图腾柱上。

对普通游客而言，解读图腾柱是一件枯燥的事，但买一个图腾柱木雕作纪念还是不错的。售卖图腾柱的商店在科奇坎遍地都是，每一个图腾柱上挂着一个折叠小卡片，上面记录着该图腾柱所记载的故事和图案意义。图腾柱的展柜上总是傲娇地放着许多“100% 阿拉斯加制造”的标签。

“That you purchase is as unique as our state.” 你所买的作品和我们阿拉斯加州一样独一无二。

可见当地人对自己作品与阿拉斯加州的自信和自豪。

木匠工人表演 The Great Alaskan Lumberjack Show

不是不能错过，是不该错过。

这是科奇坎独有的木匠工人表演。

表演场地在城市的南港口，从老城的停泊码头走去不过5分钟的路程。

一天四场，每场一个小时。

说是表演，其实更像竞赛。

表演场地呈圆形，中央水池将剧场分为两半，一半是观众席，而另一半则是一排木屋，其中的两间木屋上方分别插着美国和加拿大国旗，代表两个不同的阵营，竞争就在这两个阵营中展开。

进行表演的木匠工人总共四位，两位代表美国阵营，身穿牛仔裤，灰色衬衫，橙色背带，头戴银色钢盔；另外两位代表加拿大阵营，身穿经典的红黑格子衬衫，黑色牛仔裤，戴黑色钢盔。还有一名女主持人报幕加暖场。

SPRUCE MILL CAMP

表演项目总共12项，每一项都围绕木匠工人这个身份展开。削木头、锯木头、飞斧头、爬木桩，还有项目接力。其中锯木头最复杂，站着锯完蹲着锯，蹲着锯完比速度再来一轮。在每一个单项比赛前，都由观众先竞猜，支持哪个阵营获胜，最后若该阵营获胜，支持该阵营的观众中会有一个幸运儿获得由表演者送出的明信片。

在所有项目中最紧张刺激也最能让人捧腹大笑的是水中滚木环节。两阵营各派出一名选手，站上中央水池中一根三米多长裹有防滑垫的浮木。一人站一端，音乐一起，两位表演者脚踩浮木使之开始转动，不过两人旋转方向不同，以保持浮木平衡。待浮木基本平衡后，两位表演者就开始互相调戏式进攻对方，进攻方式五花八门，有的做鬼脸，有的虚晃一招，或者直接将对方踢下水，更聪明的直接取下钢盔，蹲下舀水池里的水，然后向对方脸上泼去，眼睛进水便再难招架，总之，先落水者输。

表演结束后，游客可以和表演者合影，如果是身材窈窕的女观众，表演者们还会合力来个男友力爆棚的公主抱。观众还可以上传在表演中抓拍到的精彩瞬间到官方网站，选中的照片将印在来年的特制日历上。

单表演就已经足够精彩，而表演者们还各个都是段子手，一边表演一边互怼，同时也与观众亲密互动，再加上女主持人有意无意的挑衅，才使这表演真正与众不同。

娱乐，是当今世界的精神硬通货。

现在的表演秀是一个总共11人的团队，成员们来自美国不同的州。队长是已近耳顺之年的罗博·希尔（Rob Scheer）。

布恩·希尔（Boone Scheer），罗博·希尔的儿子，5岁起就跟随父亲开始表演，水中浮木项目获得过世界锦标赛的第二名，也是阿拉斯加木匠工人竞赛中的第一名，团队中排名第一的活宝，承包了表演中90%的笑点。行行出状元，此话真不假，这些表演者已经享受到了类似好莱坞明星的待遇。每年盛夏，公主邮轮都和木匠工人表演秀的团队合作，邀请表演者到邮轮上为游客表演飞斧节目，和邮轮娱乐部的员工一起交流表演技巧。

每次当邮轮将从科奇坎离港，都有不少陆续上邮轮的游客换上了木匠工人的特色红黑格子衫（纪念商店购买），想来定是在表演中度过了一段快乐时光。

水上飞机游薄雾峡湾　Misty Fjords Flightseeing

科奇坎的东南部，是薄雾峡湾国家风景区，通加斯国家森林公园的一部分，约占地2百万公顷，被誉为“北部的优胜美地”。

游览薄雾峡湾，通常选择乘观光船或水上飞机，两者各有特色。坐观光船是“两岸青山相对出”，可以近距离欣赏峡湾美景，还有机会偶遇山羊、黑熊等野生动物。而坐水上飞机则是“一览众山小”，事实证明，上帝视角更会让人上瘾。

塔泉航空（Taquan Air），科奇坎当地专门运营水上飞机观光项目的公司，规模最大，口碑也最好，199美元一位，飞行时间2个小时。塔泉航空与邮轮公司合作，游客可以在邮轮上的观光处或者港口停泊处订购所有水上飞机的体验项目。我早早就在邮轮的员工管理处报名了水上飞机体验。当天天气好，无疑是最大的幸运。驾驶员都是持有水上飞机驾照的，不在

乎品牌又觉得塔泉航空的报价略贵的话，也可以选择他们的私人水上飞机。

在阿拉斯加旅行，天气状况就像是一场赌博。因为通加斯森林的存在，为阿拉斯加东南部带来了丰沛的雨水资源，再加上春夏季山顶积雪融化，加速了环境中的水循环。下雨、起雾、阴云都是科奇坎的正常天气，相反，晴天是罕见的。七八月盛夏，天气会稍微好一些，但也通常是上午下雨，下午放晴。

塔泉航空的基地位于新港附近，报名体验的游客由专车接送至基地，大约15分钟车程。到达基地后，便开始安全培训，观看安全录像，之后，6人一组，由各自的机长带领，前往水上飞机停泊处。

观光所用的水上飞机全是浮筒式水上飞机，机身下有两个浮筒，浮筒位于机身两侧，使飞机与水面分离。船长引导游客登上飞机，为了保证体验质量，塔泉航空的水上飞机保证每一个乘客都坐在靠窗的座位能够看到风景。

水上飞机的内部空间不算小，六个乘客坐在一起，也并不觉得太挤。浮筒接触水面，向两侧推开巨大的水花，在水面划行一段距离后，飞机起飞，这个过程与普通飞机并无二致。

机长是一个白胡子大叔，他非常专注地做着自己的工作。而同行的乘客

和我则目不转睛地盯着窗外的风景。飞机越升越高，港口停泊的邮轮越来越小，一路向东飞行，以鲁迪亚德湾（Rudyard Bay）为终点。

视角不同，所见自然不同。原来山脉之中别有洞天，山顶的冰雪湖泊有的融化形成瀑布，还有的形成高山湖泊，湖中还有小岛，更像湿地景观。从飞机上向下望，一片苍翠，深绿色的部分是杉树林，草绿色的是高山草甸，山脉中的林木因为积雪融化的时间不同，林木生长的年岁也不同，形成绿色的渐变。而远处的东北部山脉依然被积雪覆盖，遥望只见一条白色的起伏雪线。

在鲁迪亚德湾入口处，著名的新埃迪斯通岩（New Eddystone Rock）映

入眼帘。此岩石位于鲁迪亚德湾中的一座小岛上，岛上只有这一块大而高耸的岩石，石头是玄武岩，高出水面280英尺，也被当地的自然学家称为玄武岩塔。最初发现它的是船长乔治·温哥华，因为这个石头让他想起了故乡英国南岸普利茅斯的埃迪斯通灯塔，便以此命名。新埃迪斯通岩石长相太特殊，它成了鲁迪亚德湾的地标，也是整个峡湾的点睛之笔。不过从飞机上看这块石头要比坐船游览时小得多，一不小心就会错过。

在到达鲁迪亚德湾之后，机长来了一个360度的大转弯。紧贴其中一座山脉飞行，时而降下看瀑布，又时而拔高可与山鹰比肩。最后降落到了鲁迪亚德湾内的潘琦鲍尔湖（Punchbowl Lake）。

“我们在这里停留十分钟，大家可以打开舱门呼吸新鲜空气，看看风景。”

机长的话仿佛是一道春风，吹醒了已觉疲惫的我。同样是坐飞机，坐水上飞机眩晕感要强烈得多，为了全面地观赏峡湾，水上飞机会进行多次转弯，在经过近1个小时的飞行和机长高技术的盘旋飞行后，我已经出现了明显的晕机症状：头晕、乏力还想呕吐。

飞机平稳降落，浮在湖面上，走出机舱门的那一刻，眼前的风景是最好的晕机药。碧水青波，山脉林线曲折起伏，整个世界是明亮却又安静的，只有我们的飞机停在湖面中心。也许大家和我一样，都被这景色惊呆了，六位乘客竟然没有一个人说话，大家都只是静静地欣赏。我们站在飞机的浮筒上，浮筒很窄，刚好能由一人通行。我们一手扶着机身，另一只手掏出照相机拍摄，这么难得的机会和角度，自然不能错过，也不忘拉来机长帮忙。十分钟的时间实在太短，如果能停留地更久一些，我恨不得跳进湖里去游个泳，和这自然美景融为一体。

回到港口，发现竟然晚于了预定的时间，行程表上2个小时的体验实际用了2个半小时。来阿拉斯加旅游，在同一天如果报名多个体验项目，一定要留出足够的间歇时间呀。超时在阿拉斯加旅游是经常的事，因为当地人以及来此度假的人的心态就是一个“慢”字。慢慢走，慢慢欣赏，生怕唐突了这大自然的馈赠。

螃蟹宴　Crab Feast

到了阿拉斯加，除了三文鱼，还有一样海洋中的顶级美味不能错过，那就是阿拉斯加大螃蟹。

在阿拉斯加，能够吃到的螃蟹主要有两种：帝王蟹（King Crab）和太子蟹（Dungeness Crab）。

帝王蟹以个头大著称，一只成年的帝王蟹从一只蟹腿的一端到另一只蟹腿的一端最长可达5英尺（约1.5米）。如此庞大的身躯决定了这顶级美味不仅能按个卖，而且还可以按腿卖。在阿拉斯加餐厅里出售的蟹腿，每只都大约有两张A4纸的长度。

顶级美味需要顶级的价格来配。在阿拉斯加的夏季，一只帝王蟹蟹腿的价格在25～30美元之间，一只蟹钳在20美元左右，不排除有继续上涨的可能。与三文鱼不同，夏季是三文鱼的捕捞旺季，而螃蟹的捕捞旺季是从冬季的10月份至1月份，夏季阿拉斯加当地餐厅里的帝王蟹都是去年冬天的存货，而夏季又是旅游旺季，需求量大，蟹腿价格自然要高一些。需求还不仅仅来自阿拉斯加，全球食客都对这一美味趋之若鹜，冬季的新鲜帝王蟹都出口到日本、中国和欧洲各国，需求量只增不减。同时，成年帝王蟹的寿命是20～30年，20世纪80年代出现过对帝王蟹的过度捕捞，使得此后一段时间帝王蟹的产量无法满足需求。此外，捕捞螃蟹要比捕捞鱼类困难得多，捕蟹船是特制的，捕蟹笼要放到海下至少60米甚至120米，加大了捕捞难度和风险。船上的声呐系统无法准确探测螃蟹的活动，螃蟹捕捞完全依靠捕蟹人的过往经验。由于捕蟹在冬季，捕蟹者经常要面对恶劣的气候条件，滔天巨浪引起的身体不适和晕船都是小事，有时候第二天醒来船上已满是积雪，恍若隔世，有时候收网不及时，一个大浪打来，捕蟹者自己翻身进笼成了螃蟹中的一员，也许还要贡献自己的一根手指作为代价。在阿拉斯加，优秀捕蟹人的工资高达上百万美元一年，而这些都增加了帝王蟹的成本。

“酒未敌腥还用菊，性防积冷定须姜。”《红楼梦》里，薛宝钗的这句咏螃蟹诗点明了中国人吃螃蟹的习惯。中医中，螃蟹性寒。想起平时，家里煮白蟹，在食用时，母亲总会以米醋加生姜为佐料。但在阿拉斯加，人们吃水煮的蟹腿时搭配的是柠檬片、黄油和橄榄油，还会送上蒸馒头作主食，不同的餐厅

也会调制各自的蘸酱，但基本都以黄油为底料。煮熟的帝王蟹蟹肉雪白，与红蟹壳形成巨大反差，味道鲜甜，更重要的是肉多，一只蟹腿的肉总量抵得过一只普通白蟹了，也算对得起这个价格。蟹腿外的壳不算硬，不过餐厅一般还是备有夹蟹腿的工具可以让顾客轻松拆蟹腿。

太子蟹又叫珍宝蟹，个头就小多了，也就比中国普通白蟹粗壮了一些。帝王蟹是按腿卖，珍宝蟹是随便吃。如果在阿拉斯加餐厅看到螃蟹宴（Crab Feast），那么吃的就是太子蟹了。每个人吃螃蟹宴的价格至少是60美元，跟自助餐一样，吃完了可以不断再添。和珍宝蟹搭配的蘸酱就多了，有红椒酱、鳄梨酱、黄油酱，还有古法豆面酱，完全可以按个人口味选择。

吃螃蟹宴最好的地方就是科奇坎。尤其以乔治湾小屋（George Inlet Lodge）最有特色也最知名。

这座小屋不仅是螃蟹做得好吃，还提供阿拉斯加的特色琥珀啤酒和蓝莓蛋糕，更有意思的是地理位置，它并不在科奇坎城市中，而是坐落于薄雾峡湾

中的一个峡湾口，可以通过坐大巴车或水上飞机前往。因此，塔泉航空有一项体验就是薄雾峡湾加螃蟹宴，将两者结合起来。在这里品尝太子蟹的游客，在乎的早已不是螃蟹本身，而是一种全身心全方位的旅行体验。

致命捕捞　Deadliest Catch

最好的留到最后。

品尝了帝王蟹以后，不妨体验一下捕蟹人的真实生活。

白令海峡的捕蟹者是世界上最危险的职业之一。探索发现频道特别以此为主题，创作了已经播放10季的纪录片《致命捕捞》（*Deadliest catch*）。而在科奇坎，有一个团能使游客参与捕蟹者的工作过程。白令海峡捕蟹者团（Bering Sea Crab Fishermen's Tour），自2008年这个体验团诞生起，便是游客票选第一名、科奇坎最受欢迎的项目。

捕蟹体验团每天的出团时间是固定的上午9点与下午1点，时间长度为3个半小时。捕蟹船只有一艘 Aleutian Ballad，停靠在邮轮3号码头小型船固定泊位。在团队出发的前半个小时，捕蟹船的工作人员就会前往各个邮轮码头，身穿统一制服，手持提示牌，引导来自不同邮轮的游客前往固定泊位。

Aleutian Ballad，是一艘真正的捕蟹船。2006年在《致命捕捞》的第二季中还是主角，因此，每年有上万名游客慕名前来。Aleutian Ballad 现在只做旅游体验使用了，船也进行了改造，船内部被安上了几排塑料椅，是体育馆看足球比赛的那种。船有上下两层，上层也有座位，还放了许多闲置的捕蟹笼，不过上层较窄，因此一层有巨大的露天空间进行展示，上下两层加在一起，最多可以容纳上百名游客。船尾是个小卖部，提供《致命捕捞》的相关纪念品如

文化衫、鸭舌帽、钥匙圈等。热巧克力和咖啡可以自取，还有一块小屏幕不断循环播放着《致命捕捞》的纪录片。

Aleutian Ballad 的现任船长和总负责人是戴夫（Dave），一起工作的还有四名助理以及船的驾驶者。捕蟹船缓缓驶离码头，戴夫开始和游客讲解安全相关知识，让大家了解船的基本构造和救生衣的存放位置。

船长和助手们换上橡胶连体裤，带上橡胶手套，开始做捕捞前的准备工作。“船上的一切大家都可以随便看随便拍”，有了船长的话，游客们都开始骚动起来了，纷纷和船上的飞轮，捕蟹笼等合影。船一层中央，正对观众席的座位放了一个大鱼缸，里面是已经捕捉了的帝王蟹、雪蟹、海星、大虾和小海马，供展示用。游客中的小朋友们已经挪不开脚步了，摄影爱好者们也为此烧了好多内存。

到达捕捞点后，表演体验开始。第一捕是捕鱼。助手将船上展示捕鱼的区域用铁链隔离，游客就坐在各自座位上欣赏。捕鱼用的是渔网，一名助手将银色鲱鱼切成碎段，事先挂在网中的小钩子上。没有等很久就收网了，渔网随着白色浮标球被一点一点地拉上船，游客们都在期待收获。果然，一条，两条，七八条，一看，这鱼有大嘴，嘴里有长牙齿，样子丑陋，身体橙色，还有

黑色斑点，原来是阿拉斯加常见的鲶鱼，还有石斑鱼等其他鱼类。戴夫和助手将鱼举起，展示给游客。这有收获的第一捕振奋了游客，大家纷纷提高了期待。

船长戴夫却给了游客们意料之外的惊喜。船渐渐驶入一处峡湾，开始减速，靠近海湾处一座小山，只见林木郁郁葱葱。

“你们有谁近距离见过阿拉斯加的代表动物秃头鹰？”

观众席鸦雀无声。

“今天，你们的机会来了！”

说着，船长将一块鲱鱼碎段抛入空中，一只秃头鹰从林中倏忽飞出，在空中悬停了一秒。没错，悬停了，只知道秃头鹰是个飞行高手，却不知还有这样的操作，继而很快向下俯冲，用爪子抓起即将落入水面的鲱鱼，又蜻蜓点水般飞高，扑腾翅膀离开水面。

游客们全体沸腾了，纷纷掏出手机、照相机涌上甲板，咔嚓声响个不停。

紧接着，戴夫和助手们向空中继续抛剩余的鲱鱼肉，数只秃头鹰从林间陆续飞出，为游客上演了一场花式捕食秀。有的秃头鹰可以在空中翻转720度再向下俯冲，有的可以贴近水面划行，还有些则在我们捕蟹船上方不断盘旋。头顶是秃头鹰的叫声，林间则是树枝丫此起彼伏的晃动声，还有船上游客们夹杂的欢呼声。原来我们船现在所处的位置是当地有名的鹰之谷，是数十只秃头鹰的栖息地。游客们纷纷表示，即使今天没有捕到任何东西，能看到秃头鹰群捕的画面也已经值了。

第二捕是捕蟹。捕蟹笼体积庞大，非人力可以提拉，得借助机器。现在不是冬天，也不可能带游客到白令海峡深海区，作为体验，重在展示捕捞螃蟹的过程。捕蟹笼带来了令人满意的收成，帝王蟹是肯定没有的，但是有大量的雪蟹，比普通白蟹大一号，还有珍宝蟹，远看毛茸茸，近看像石头。船长将螃蟹放在鱼缸边的展示台上，游客可以拍照，也可以把螃蟹抓来放在手中，抚摸并感受蟹壳的质地。我试了试，蟹钳的力量真大，可以紧紧钳住我的毛线手套，感觉一用力就会被扯掉。除了螃蟹，还有许多其他小玩意儿：比如红虾，

是的，没煮熟的虾，但它是红色的，放在阳光下，还能看到虾壳下透明的肉；海星，另一个神奇的物种，形态大小各不相同，小的柔软，可以刚好置于掌心，大的则皮肤又糙又硬。这时，船长戴夫举起鱼缸里的帝王蟹展示给游客拍照，戴夫也显露出了他的幽默本质。当我对准帝王蟹正要按下快门时，戴夫突然下蹲抢镜，照片回放里只有戴夫一张圆木大睁搞怪的脸。

因为捕蟹重在旅行体验，而非商业经营，所以所有捕到的螃蟹和其他海洋生物在展示完后全部重新放归大海。

之后，戴夫又向我们展示了他蓄养多年的“宝贝”。他的助手从水底捞上来一只红色椭圆形的塑料桶，黑色盖子，桶上被戳了好多洞，一捞上来，桶里的水就从洞中迅速流出，桶被打开，“哇”，原来是一只大大大章鱼。这只章鱼的头有人的头一般大，触手也有人的手臂一般长，戴夫直接接过章鱼，把它放在自己头上，就像加勒比海盗里的章鱼怪人。游客们一阵惊呼，随后，章鱼就被重新装回桶里，放入海中。

本以为这项体验已经结束了，没想到戴夫为游客们带来了感人的第三捕。这是另一个捕蟹笼，不过里面放的是假螃蟹。是的，一只只用海绵做的被染成鲜红色的帝王蟹。这只蟹笼上还被系满了五颜六色的小卡片，有着来自世界各地游客的签名和祝福语。

“这是祈福卡片，在我们的社交平台主页上有一个送祝福活动，10美元，写下你的姓名和祝福，我们就会为你制作一枚卡片挂在这笼子上，而这一笔资金将全部捐助给那些在捕蟹过程中丧生的捕蟹者们的家属。”船长戴夫动情地说。

之后，是游客与船长和船员的合影时间。满载收获的游客们开始返程，收获是对这体验的回忆、是捕鱼过程中学到的知识、是了解那些捕蟹者故事后的感动，白令海峡捕蟹者团无愧于排名科奇坎第一的体验。

科奇坎城

一条溪流街（Creek Street）足以倾倒众生。

每一座城市都有那么几条古街，溪流街就是科奇坎的古街。

溪流街有三处看点：

第一，古韵。溪流街是科奇坎的历史街区，街区沿溪流而建，这一片房屋都是自淘金热起就存在的，现在旅游开发，街区的众多房屋都已经是特色纪念品商铺了，但是在有故事的房屋外都挂着一块牌子，写着这房屋的故事。在这之中，最有名的一座是多莉的房屋（Dolly's House）。自古江湖出英雄儿女，溪流街的前身是红灯区，不仅是淘金者寻欢作乐的地方，也参与各种黑市交易，消息贩卖。而多莉就是红灯区中的一位，“我似乎天生受男性喜欢，他们都觉得我与众不同，当然绝大多数女性都不喜欢我”，这是多莉的名言。一直到多莉88岁去世，她依然从事她的生意。也因此，她见证了溪流街乃至科奇坎的发展历史。现在多莉的旧居已经变成了一座小型博物馆，天蓝色的建筑就在溪流街距南出口较近的位置。门口有身穿昔日服装的讲解员为游客介绍多莉和溪流街的故事。

第二，颜色。这一片的房屋都被整修翻新了，房子的样式保留原样，墙都是层叠式的木板，但却涂上了鲜亮的颜色。粉蓝色、草绿色、嫩黄色、粉红色、朱红色，等等，与周围的其他民居形成了鲜明对比，有童话世界的味道。

第三，三文鱼。每年的七月末开始，三文鱼会充满整一条溪流街。游客都会涌到溪流街看三文鱼。某些聪明的当地人直接在溪流街入口的拐角处开起了三文鱼烧烤铺子，现抓现烤，生意兴隆。

溪流街很短，也就比上海豫园的九曲回廊长那么点而已，但是逛逛铺子，拍拍照，听听故事，竟也能打发近一个小时。

在科奇坎，吃绝不是问题。溪流街一路从老城区逛到新城区，是吃货们的天堂。

狐狸角小屋（Cape Fox Lodge），位于溪流街中段，要坐升降梯到达山顶，东西好吃很精致，但价格是贵的，就连美国游客一看到升降梯前的菜单价格也连连叫“天啊，一碗浓汤24美元，这也太贵了”。新中国餐厅（New China Restaurant），位于溪流街北入口，一个大大的福字让国人看了很亲切，食物做得还过得去。德怀尔家的螃蟹和鱼（Dwyer’s Crab & Fish Company），如果去不了乔治湾小屋体会螃蟹宴，在科奇坎的城市里选这家是最好的，位置靠近邮轮第二泊位。德怀尔家族是科奇坎的百年家族，很有威望，在当地从事捕鱼业。价格公道，体验比较值，服务员很贴心，如果看到单身人士来吃，会很贴心地问“要不要我帮你和帝王蟹合影啊”。

甜蜜美人鱼（Sweet Mermaids），一家以美人鱼为主题的咖啡吧。一进门，满眼都是美人鱼主题装饰，美人鱼的雕塑，美人鱼拼图，美人鱼墙画，还有美人鱼玩偶可以购买。主街到头，临近隧道门则是一家专门做当地肉桂卷的小食铺，碗大的肉桂卷上方涂了一层厚厚的手打奶油，再添上几颗蓝莓，味道醇厚，大约是在面粉里添了酒精。隧道后的极地酒吧（Arctic Bar），在当地非常有名，而游客对它的青睐多是因为它提供真正的免费无线网络，科奇坎的城区里有许多餐馆，可惜他们的无线网络都要收费，多数按小时计费，而极地酒吧就大方多了，免费，虽然只有2G网络，但是刷刷信息看看新闻也足够了。

隧道旁有一阶梯可以到达山顶。新城区的房屋都是依山而建，正对港口。在阶梯口会看到山上各家的邮箱，如果有校车来接送这里的孩子，司机会停在阶梯口，向山坡上大吼一声“嗨，×× 街 ×× 号的 ××× 可以下来了”。

拾级而上，这里也是观赏整个科奇坎城美景的绝佳去处。站在隧道顶，可以俯瞰整个科奇坎主街和老城的港口风貌。这里的民居非常美丽，屋前都有小院子，用各种花卉兰草装点着，还间或种植着一些莓类植物，院子正对新港，所以这些民居的院子是采风的最佳去处。可惜，当地的居民很看重生活的私密性，不喜欢游客的打扰，如果被他们发现，会遭到无情的呵斥：“我不管你是谁，没看见外面的牌子吗？私人区域，禁止通行，我想你们都是看得懂英语的吧。”所以，如果在科奇坎旅行，看到某些区域写着“禁止游人通过”的告示牌，就不要去打扰了。

科奇坎是美国三座城市中停留时间最短的，要么是清晨到港，中午离港；要么是中午到港，傍晚离港，通常就8个小时。晴天傍晚离港时，风景最美，头顶还有水上飞机的轰鸣声，太阳还是灼热的，水面的倒影是条条金带，一路群山环绕，美不胜收。

美国 朱诺

America Juneau

2004年1月，阿拉斯加的一位当地的自然学家尼克·汉斯在门登霍尔冰原湖泊滑雪的时候发现了一头黑狼。之后的漫长冬季里，这头黑狼竟然频繁出现，有时还会尾随汉斯，并和汉斯的训犬达科塔一起玩耍。

很快，关于黑狼的故事在当地流传开来，朱诺的当地人纷纷赶来，在冬季寻觅这黑狼的踪迹。黑狼也不怕生，偶尔会和旅行者们一起玩耍。情感渐生，当地居民成立了保护黑狼的组织，并为它建立了个人社交主页，黑狼的头像更成了这一物种的标志。

黑狼总是在冬天出现又在夏天离去，从无例外。

直到2009年，人们再也遍寻不到它的踪迹。

次年5月，人们在当地的一家皮草店里找到了一副被鉴定为这头黑狼的皮草，才知道它已死于非法捕猎者的手中。

本来以为这是一个人与动物之间的友谊故事，后来发现原来这是一个爱

情故事。

时光追溯到2003年4月，在朱诺门登霍尔冰河国家公园（Mendenhall Glacier）外400米的地方，一头雌性黑狼与一辆卡车相撞死去。

狼，是一种群居动物。雌狼只会在遇到新配偶或者开始组建自己家庭的时候才会离开狼群。动物学家推断，它的配偶一定会在不久之后出现。果然，那一年的冬天，冰河之上出现了罕见的狼的嘶吼声。汉斯见到的那头黑狼便是这雌狼的配偶。

朱诺当地居民为这头黑狼取了一个极应景的名字——罗密欧。

现在，门登霍尔冰川国家公园的一块石头上还镶嵌一块罗密欧的铭牌，那是罗密欧第一次出现的地方。

冰原徒步　Hiking & Trail

“你们现在所在的位置在400年前就是门登霍尔冰川所在的地方，玻璃外的冰川触手可及。”

瑞秋，门登霍尔冰川国家公园的讲解员如此告诉我们。

很难想象，400年前的冰川该有多么巨大，而现在，从游客中心看出去的冰川不过是远远的一抹白色。门登霍尔冰川产生于朱诺冰原，是38个冰川中的一个，一个正在撤退的冰川，门登霍尔冰川每年的积雪量少于融雪量，冰川每天都在移动，只是这种移动只有用延时摄影才能观察得到。

从朱诺市中心的富兰克林广场到冰川公园，每天都有固定的接驳车，相比于在邮轮上只能远远欣赏冰川，朱诺郊外之旅则给了游客一个近距离了解冰川构造和冰川景观的机会。

横亘21公里的门登霍尔冰川，近百年的退行使冰川的退行口前形成了一

个巨大的冰川湖泊。6月初的阿拉斯加，天气还未全转暖，湖泊上还漂浮着几块刚融化的浮冰，冰川山峰依然有白雪覆盖，而山脚周围却是郁郁葱葱，靠近湖泊的区域则成了一块湿地。

徒步，是欣赏门登霍尔冰川最好的方式。徒步者可以根据自己的能力选择5条长度与难度不同的徒步线路。15分钟的摄影徒步线（photo point trail）可以远眺冰川与湖泊的美景，尽头的展望台是拍摄冰川全景最好的地点。坐在瞭望台的长椅上，时间流逝突然变慢，整个世界都安静下来。看眼前的万年冰川，扑面而来的风是清清凉凉的，只偶尔能听到直升机飞过的声音，那是坐直升机观赏冰川的游客们。

展望台边上紧连着金矿瀑布徒步线（nugget fall strail），到这里距离冰川

就更近一步了。夏季，冰川周围山顶的积雪逐渐融化，水流聚集到一处便形成了金矿瀑布。难以想象，现在行走的地方，几百年前还是被冰川覆盖的区域，一路上的植物都是寒带植物和一些低矮灌木，徒步线上的石头像被刀劈斧削过，那是冰川退行后将岩石表面剥落的结果，而靠近湖泊周围，可以看见巨大的圆石，石面湿润，布满青苔。

“我七年前来朱诺工作过一段时间，当时站在金矿瀑布下面异常震撼，七年前的冰川比现在要大得多，距离瀑布也更近，站在瀑布下方可以望见冰川的蓝色反光。”一路同行的摄影师约翰如此同我说道。

金矿瀑布与另一边的冰川湖形成了一动一静的反差。瀑布倾泻而下，水声隆隆，而另一边与之相连的冰川湖湖面纹丝不动。因为带着剥落的岩屑，湖水有些灰色，可这不妨碍冰川湖中云朵清晰的倒影。始知，波平如镜，不是文学家的虚言。

一英里的时光隧道徒步环线（trail of time）则将原住民的文化历史融入，一边漫步，一边看阿拉斯加先民的历史遗存。而游客中心以东的峭壁湾徒步线（steep creek trail）则可以看到三文鱼在溪水中洄游的奇观。每年盛夏，是三文鱼洄游繁殖的旺季，整个阿拉斯加的水域里会涌现海量的三文鱼。耗时最长的冰川东部徒步线（east glacier trail）也是难度最大的，路程长，坡度大，是对真正徒步爱好者的挑战，近3个小时的环线，跨越不同雨林层级，景观纵深且立体，由于深入雨林内部，运气好的话，还能与黑熊打个照面。

观鲸（Whale Watching）

门登霍尔冰川的退行处出现的巨大湖泊也是阿拉斯加鲸鱼们的家园，在此观鲸，看到鲸鱼的概率是惊人的100%，观鲸活动没有时间差异，无论是正午还是黄昏，看到鲸鱼的概率是一样的。观鲸体验团也被官方做出了保证，如果看不到鲸鱼，可以退钱。也因此，观鲸，成了朱诺最平民也最受欢迎的体验项目。

鲸鱼穿行在阿拉斯加，游动时鲸鱼呼吸，巨大的声音自气腔发出，而它们互相交流时的歌声更是巨大而幽深，仿佛能穿越整个阿拉斯加的内河航道。

“鲸鱼，是海洋的心跳。”约翰·缪尔在他的阿拉斯加行旅记中这样描述。

从朱诺市前往观鲸点不过20来分钟，观鲸船分为两层，是由当地的一家叫作 Allen Marine 的观鲸旅游公司全权负责运营。观鲸船上的每一个座位都放置了一本精美的小册子和一个望远镜，小册子里有对游览时常见的鲸鱼种类的介绍。根据联邦政府的规定，为了保护野生动物，观鲸时，观鲸船必须离鲸鱼100码（约90米）以上，所以望远镜是出海观鲸必备。观鲸的游客们似乎心有灵犀，没有人愿意待在座位上，一上观鲸船，拿起望远镜，就都往二楼平台占位置，同时，捂着怀里的长枪短炮，生怕错过那一生仅见一次的画面。

观鲸船的船长经验丰富且训练有素。如果看到鲸鱼的行踪，便会立刻全船广播。

“右舷，三点钟方向，有鲸鱼！”

游客们一时间全体涌向右舷，果然，远处是一个黑色小三角正跃出水面，那是鲸鱼的背鳍。背鳍露出的时间只有2～3秒，随即鲸鱼又整个潜入水下。大约10秒后，在距原出现点左侧6米左右的位置，背鳍再次出现，同时还伴随着鲸鱼呼吸的空气从气腔发出的巨响。在看到鲸鱼的地方，船长会调转方向，使左右舷的游客们都能看到鲸鱼。

直到鲸鱼的背鳍再也捕捉不到，船长便开船，向另一个观鲸点驶去。鲸

鱼露出背鳍的画面是观鲸过程中最常看到的，但这远远不能满足观鲸的游客们。

“看，前方有许多海鸟聚集盘旋，这说明其下方有鲸鱼正在捕食，我们跟着这些海鸟走。”

船长将船缓缓推进至海鸟聚集区。果然，那熟悉的背鳍再一次出现，所有的游客都开始惊呼，继而很快屏息凝神，等待那庞然大物的再次现身。船已经驶进了门登霍尔冰川其中一处的退行口，不远处就是冰河，而这里就是鲸鱼们的家园了，也是最能观察到鲸鱼的地方，船长将船停下，方便游客观鲸。而游客要做的，只是等待。

除了我们的观鲸船，还有更小一号的船只，是观鲸的 VIP 团，最大的区别是那船上的船长会把船开得离鲸群更近一些。另外，竟然还有一只小皮艇在我们观鲸船不远处，用望远镜一看，皮艇上坐着一位女摄影师，拿着 200 mm 的镜头，也在等鲸鱼出现，这样的职业摄影师，真让人肃然起敬。

“我捕捉到鲸尾了！”一位女游客兴奋地惊呼。其他游客循声望去，果然一头鲸鱼正潜入深海，露出标志性的尾巴，如果要用一幅图画来描述阿拉斯加，那么最贴切的就是眼前这一幕了。游客们纷纷分享自己抓拍的照片，那些捕捉到鲸尾的游客们收获了满满羡慕的目光。

骚动之后又是一片寂静。大家都在等待着鲸鱼的下一次现身。鲸鱼的出现地点是不可预测的，任何方向任何距离都有可能，同样无法预料的还有鲸鱼的出现方式，或跳跃，或腾跃，全凭运气。今天这头鲸鱼似乎不喜欢离开岸边太远，从出现的几个位置来看，它总喜欢沿岸而行。

就在游客饱满的情绪渐渐松弛的时候，这头鲸鱼送给了我们一份大礼，它突然在离观鲸船右舷只有5米左右的地方出现，探出头来，张开嘴巴，嘴巴一部分露出水面，还有背部的前半部分。所有的游客们都沸腾了，真是“吃了一鲸”！看得真真切切，在这样近的距离下，才能感受一条鲸鱼有多么巨大，虽然只露出了头部和背部的部分，但和观鲸船相比，已经大约有船的一半长。

这鲸鱼的皮肤皱巴巴的，背部皮肤是棱状条纹，嘴巴开合，异常宽大，嘴巴里没有牙齿！这是一条座头鲸！

座头鲸是鲸鱼的一种，牙齿都退化成了鲸须，这鲸须就像放大了上百倍的牙刷刷毛。捕食的时候，座头鲸张开大嘴，呼出的气泡将小鱼虾裹住，闭上嘴巴，将它们统统吸入身体，多余的气体便从身体的气孔排出，发出闷响，所以观鲸时遇到背上会冒气的鲸鱼十有八九就是座头鲸。

因为座头鲸实在巨大，当它沉入水中时，其动作幅度使观鲸船也跟着晃了晃。

“你们真是幸运，这是我这一个航季以来，第一次遇到与座头鲸如此近。”船长说道，“不过我们得离开了，根据规定，观鲸船在同一观鲸点不能停留超过30分钟。”

“那里也有鲸鱼。”一位游客朝船的左舷指去。果然，一头鲸鱼腾跃出水面，它的身形与座头鲸有差别，更接近于海豚，虽然隔了一段距离，但依然可以看出这鲸鱼的腹部还有白色的大圆斑，与身体的黑色皮肤形成强烈反差。正当这只鲸鱼准备潜入水面的时候，另一只鲸鱼在其身边跃出，原来是两只鲸鱼啊，谁知其后又有几只相同鲸鱼间接依次跃出水面。仔细数了一数，总共六只。

“这些是虎鲸，也叫逆戟鲸。”船长向我们讲解道，“它们比座头鲸的身形稍小，它们没有气腔但有牙齿，喜欢群居，近海的虎鲸以小鱼虾为食，深海的虎鲸就比较可怕，它们会吃鲨鱼。”

“你们运气实在好，座头鲸和虎鲸是在阿拉斯加能观察到的两大鲸类，而今天你们一次性全看到了。”

“现在大家可以前往船舱一层小食部，品尝免费的热巧克力和咖啡饮料，还有新鲜的烟熏三文鱼。”

除了鲸鱼的行踪，船长还会广播船上的活动和其他野生动物的踪迹，比如海狮。

在离开门登霍尔湖泊的航道上就有一块有海狮群居的礁石滩。海狮，是航道中最常见的野生动物之一。懒，是对它们最好的概括。数量庞大的海狮们像狗皮膏药一样地贴在石头上，一动不动晒太阳。偶尔起身，也是左右晃头，睡得久了，就跳入海里游个泳，接着爬回岸上继续睡。多吃多睡少运动，海狮们有着厚厚的脂肪层，而表皮是粗糙的，毛孔都缩小隐藏了，用于在冬天御寒。厚厚的脂肪层也给了海狮使不完的洪荒之力，偶尔发个声，就如汽车喇叭一样响亮。海狮还是一种后宫动物，一只雄海狮周围有一群妻妾。

除了野生动物，观鲸航行中的风景也是极为养眼的，远处冰河可以遥望，山顶还有常年的积雪，阳光透过云层照射到山顶积雪而反射出光芒，从观鲸船望去宛若一个可望不可即的仙境。

SALMON BAKE

三个小时的观鲸体验在意犹未尽中结束了，看看相机里捕捉到的照片，我非常满意，因为鲸鱼的观测有太多的未知性，对每一个游客而言，观鲸体验都是独一无二的，这种独一无二，也正是观鲸深受游客欢迎的原因吧。

烤三文鱼　Salmon Bake

门登霍尔冰川的湖水与周围山顶的融雪雪水混在一起，从溪变河，流入朱诺城中，这条河被人们称为金溪（gold creek）。金溪，以三文鱼烧烤而闻名，是的，露天的三文鱼烧烤。

市中心的富兰克林广场总有定时的接驳车接送乘客前往，接驳车很醒目，以黄色为主体，黄蓝相间，车头顶端写着 Salmon Bake（烤三文鱼），远远就能看见。

烧烤吧面积不大，因为在野外，每个乘客用的餐具也十分环保，都是用

纸做的，方便回收。阿拉斯加的夏季，每天来吃三文鱼烧烤的客人络绎不绝，每两个小时一批，基本总会满员。用餐时间，还有驻唱歌手为游客即兴表演弹吉他。虽然以烤三文鱼闻名，但这里不仅仅可以吃到三文鱼，还有奶酪浓汤、鸡肉、时蔬、甜点等其他食物。更像一个露天的自助餐吧。当地人称为 all-you-can-eat。

三文鱼都是从附近的金溪里现捉的，已经切好片了，直接放在炭火架上，看着橘红色的生鱼肉慢慢转为粉红色，鱼皮表面的纹路也泛出白色。鱼皮下的天然脂肪融化，油脂溢出鱼肉，光看着就能勾起人的食欲。

“我觉得呀，三文鱼还是日本人的做法生吃加芥末比较好，这里的人吃烤熟的，肉太厚，也没有什么味道，还是这里的鸡肉好吃。”这是来自中国台湾的游客叶师傅的“经验”。

事实证明，他的“经验”对了一半。纯烤的三文鱼确实淡而无味，但是这里的工作人员秘制了一种酱料，这种酱料以蜂蜜为主要原料，还混合了果酱。每次，游客去要烤三文鱼，工作人员都会淋上酱汁，吃起来满嘴的甜蜜味。

这里的鸡肉确实也很美味，肉被煮得在似烂非烂之间，用叉子一划，鸡排的肉与骨就能分离开来，鸡肉煮之前也用香料浸泡过，有一股茶香。另外，这里还有阿拉斯加的蓝莓乳酪蛋糕，一颗颗小蓝莓嵌在蛋糕中间，清晰可见，蛋糕表面还撒了一层糖霜。

直升机空降加狗拉雪橇　Dogsledding by Helicopter

如果要选出在阿拉斯加最难忘的一天，毫无疑问是在朱诺体验直升机空降加狗拉雪橇的那天。

公主邮轮给出了近600美元每人的价格，是阿拉斯加所有旅游线路中最贵的产品。

那一天的朱诺，天空一片湛蓝，没有一朵云，在完成上午的拍摄任务后，我跑到港口外的旅客集合点，正巧遇到邮轮上负责游客岸上旅游活动的印度长官艾森（Athen）。

“1点出发的直升机加狗拉雪橇的团还有名额吗？我愿意付钱报名。”

“嗯……我看看名单，可能有，你12点半之前过来再确认。”

12点半我如约而至。

“还有吗？我真的很想去。”

“嗯，你等等，当地接洽的工作人员已经来了，我问问他们。”

工作人员是来自直升机基地的，只听1米开外的艾森与他们说道：“1点的团还有名额吗？我们这边有一个船员想去，我看了名单，我们这边刚好有一个5个人的澳大利亚家庭报名，我记得雪橇是最多6个人一组。”

工作人员点点头：“嗯，你等等，我打电话问问基地是否有空位。”

在漫长的两分钟以后，我得到了整个阿拉斯加航季中最激动人心的答复。

“嗯，可以。”

跟着邮轮上的乘客一路驱车前往直升机基地。看看周围的邮轮乘客，加上我总共才18个人，比起朱诺观鲸400人的大团实在是迷你。也难怪，直升机加狗拉雪橇的价格都快赶上7天阿拉斯加船票的一半了，相比150美元的观鲸平民价，确实很贵族。

20分钟车程后，我们到达直升机基地。基地是平房，总共就三间房间，分别是总控制室、游客接待室和游客准备室。布置简单，专业又很温馨。基地属于阿拉斯加冰原探险协会（Alaska Icefield Expedition），也是阿拉斯加专门组织冰原体验活动的协会，直升机加狗拉雪橇是其中的一项固定项目。在朱诺的体验基地以门登霍尔冰川为中心，另一个基地在史凯威，以丹佛冰川为中心。两地的体验大致一致，都是30分钟的直升机巡航加1个小时的雪橇营地，25分钟的狗拉雪橇体验在营地进行。

到达营地的第一件事，便是去前台付费。275美元！相比于乘客的589美元，船员能享受到的优惠价格真让我开心了一把。接着，便是到达准备室观看安全录像，工作人员讲解注意事项并签署人身安全免责条款。出发前，每位乘客都穿上专业的冰原雪地靴，穿的时候需要连带自己的鞋子一起穿进去，黑色的雪地靴很厚实，鞋帮高度没过脚踝，还有透气的网格设计。

我跟着工作人员雪莉（Sherry）走到室外停机坪候机。雪莉有着一头淡黄色波浪细卷发，27岁，身材微胖，墨绿色套头衫加牛仔裤，衫上印着阿拉斯加冰原探险协会的Logo。

“今年是我工作的第五年了，和在阿拉斯加工作的大多数人一样，这里是我们的夏日短工（summer job）。我们每年从五月工作到九月，从第一艘邮轮到来开始一直工作到最后一艘邮轮离开。我的家在西雅图，回家以后，我是当地的一名幼儿园体育教师，同时还帮父母经营着一家餐馆。我爱在阿拉斯加的工作，每一次回来，都会发现一些不一样，惊叹大自然的神奇，还可以见到来自世界各地的人，和他们成为朋友，听他们的故事。”

阿拉斯加的夏季是阿拉斯加的旅游旺季，气温适宜，上千名如雪莉一般的年轻人从美国各地甚至世界各地来到阿拉斯加从事各种类型与旅游有关的夏日短工，如免税店专员、登山教练、探险指导员、旅行翻译等。而从十月到来年四月，进入阿拉斯加的冬季，阴雨绵绵又异常寒冷，冰川重新生成，水温下降不适合邮轮通航。彼时，阿拉斯加的小镇商铺大多歇业，加上阿拉斯加的房价是全美第二高，仅次于加利福尼亚州，只有少量定居居民依然生活着，冬季的阿拉斯加是一片静谧的景象。

一架架直升机陆续从天而降，总共六架，全部是统一的银色和红色涂装，机尾印有“TEMSCO”字样。登上直升机，雪莉帮乘客们系好安全带，并检查各种安全措施。

直升机起飞，上升过程中的气旋将停机坪边上的草丛强力推开，基地在乘客眼中越来越小，机长的指示从耳机传来，顺着机长指点的方向望去，直升机行进方向的左手边，阿拉斯加首府朱诺一览无遗。这个城市是那么小，倒是更显出入海口停泊的邮轮的巨大。而右手边则是门登霍尔冰川的入海口，一个冰川湖。直升机向门登霍尔冰川深处行进，曾经徒步过的冰川公园就在下方。越过冰川，向冰原深处飞行，绿色植被越来越少，直到再也看不见，满目所见只有冰原岛峰。

“我们已经进入朱诺冰原了，冰原里的雪终年不化，你们在旅行中看到的所有冰河冰川都是由冰原衍生而来的，而朱诺冰原就是所有阿拉斯加冰川的母体。”机长史蒂夫（Steve）向我们解说道。

此时的冰原里只有三种颜色，蓝色，天空的颜色；白色，积雪的颜色；黑褐色，山脊的颜色。偶尔还能看到白色中有一点碧蓝色，原来是冰原里冰冻的水潭。

30分钟的飞行后，“我们到

了”，顺着机长所指的方向望去，在一片山脊环绕之中竟然有一大片冰原平原，平原中央有密密麻麻的大小白点，周围还有四五条长度不一、形状不一的环形线。随着直升机降落，谜底揭晓，平原中央就是狗拉雪橇的营地，而大小白点则是训犬师与工作人员的帐篷以及近200只的阿拉斯加雪橇犬，而环形线是探险协会事先就已经为游客划出的狗拉雪橇线路。

打开机门，工作人员便送上墨镜，以保护眼睛，避免雪地的强烈反光。冰原的积雪是厚的，每踩一步都是一个深到脚踝的坑。晴天的冰原竟然非常暖和，没有风，无数冰晶就像无数小镜子反射着太阳的光线，太阳散发的热能都被聚集在平原内。远处是此起彼伏的犬吠声。

走进营地，只见200多个长方体木桩立在营地中，每一个木桩上拴着一只雪橇犬，木桩上还写着对应雪橇犬的名字。雪橇犬模样不同，性格也不同，有些在慵懒地晒太阳，有些坐立在木桩上保持警戒状态，有些绕着木桩跑，还有的在喝水吃肉。

雪橇有三个座位，最多可载六个人。一对澳大利亚夫妻、一位苏格兰女士和我组成了四人队，九只雪橇犬意气风发地带我们奔驰在茫茫冰原之上，训犬师站在第二和第三个座位中间，脚踩踏板，控制方向和速度。45分钟的线路被分为三段，中途停顿两次，供雪橇犬们休息和游客拍照。

“可以站在最后一个座位的踏板上，当我的副驾驶。很简单，想往右走，

踩右边踏板即可，你要不要来试试驾驶一下雪橇？”训犬师杰夫（Jeff）问道。

为什么不呢？我欣然同意。

驾驶的感觉果然与坐着的感觉不同，坐着的时候是游客，驾驶的时候感觉自己像半个训犬师。雪橇疾行，冰原的雪划过脚背，身体是沉下去的，可是心却开心得飘在空中，雪橇犬们奋力奔跑着，扑面而来的风暖暖的，体能消耗巨大的雪橇犬们消化得快吃得也自然多，奔跑时偶尔还会留下一坨便便，给这雪原美景加餐。

哈士奇总是以傻呆萌的形象在网络上出现，谁说哈士奇很傻很二呢？人家拉雪橇的样子可威风了！

“1925年，阿拉斯加的西北小镇诺姆爆发了白喉病，这是被称为白色人种的疾病，因为白色人种对其缺乏免疫力，诺姆镇的孩子们需要疫苗，而距离

最近的城市安克雷奇与诺姆镇之间的道路冬天被厚厚的冰层覆盖。冬日气候恶劣，汽车、飞机都无法使用，除了狗拉雪橇。20位训犬师和100多只雪橇犬迅速集结。这批疫苗先从安克雷奇运送到尼纳纳，而尼纳纳到诺姆的1000公里全部由狗拉雪橇队完成，耗时5天。尽管天气恶劣，但这批疫苗还是被及时送到了诺姆镇孩子们的手中。”

杰夫轻描淡写地说着，可听来却惊心动魄，雪橇犬们穿越暴风雪的场景都能一一在脑海中想象。

“狗拉雪橇可不是只给游客提供的娱乐活动，而是真正在阿拉斯加使用的交通工具。狗拉雪橇最早是由阿拉斯加的原始居民阿斯巴斯卡人和伊努匹克人使用，后来早期的欧洲移民、俄罗斯的皮毛商人、海外淘金者都相继加入

了队伍。每年三月，阿拉斯加都会举行艾迪塔罗德狗拉雪橇比赛（Iditarod Race），从安克雷奇出发到诺姆镇，跨越1049英里（约1688千米），训犬师和他们的雪橇犬团队会穿越遥远的阿拉斯加内陆，沿途遭遇暴风雪和强风暴等各种恶劣的天气，整个比赛航程为9～16天。这对训犬师是极强的考验，需要有惊人的忍耐力、决断力和意志力，获胜者在阿拉斯加会受到如摇滚明星一般的待遇。”

“每一种动物都是特别的、令人惊奇的，雪橇犬们更是如此。”利比·瑞德斯（Libby Riddles）这样描述她的雪橇犬们。利比被誉为朱诺的第一夫人，她在1985年赢得了狗拉雪橇比赛，是赢得该比赛的第一位女性。在阿拉斯加航季，每一次在朱诺港停靠，她都会登上公主邮轮和游客讲述她在比赛中的经历和与雪橇犬们的日常生活。

结束雪橇体验后，是与雪橇犬之间的互动。阿拉斯加雪橇犬的品种就是阿拉斯加哈士奇，它们与人类的关系极为亲密，一点不怕生。我走近其中一只雪橇犬，它立即扑到我怀里，反而把我吓了一跳，差点没摔在雪堆里。同行的澳大利亚夫妇也是爱狗者，与雪橇犬们各种轻拍拥抱，雪橇犬们则伸出舌头，舔舔他们的手掌心。领队的雪橇犬和杰夫的关系最好，杰夫一个招呼，领队的雪橇犬就扑到了半蹲的杰夫身上，杰夫抱着它，领队的雪橇犬足有半人多高，抱着的时候已经完全挡住了杰夫的脸，头也已经高过了杰夫的头。

“这是给你的纪念品，给船员的，免费。”

我一看，原来是在狗拉雪橇体验时，由营地工作人员拍摄的照片。

整个体验在与雪橇犬依依不舍的互动中结束了，而这一路记录的照片成为我最珍贵的回忆。

回到邮轮以后，我送了艾森一盒巧克力当作感谢，也因此和艾森成了好朋友。整整一个航程，想起狗拉雪橇的经历，我总是面带微笑，看得我的同事们一脸迷惑，总是问我在傻笑什么。

美好难忘的经历是一种内心魔法，你一想到，就什么烦恼都忘却了，内心唯有喜悦和满足，这就是狗拉雪橇的魅力吧。

朱诺城

1880年，理查德·哈里斯和乔·朱诺在金溪的入口发现了金子，自此，淘金热在这里开始，人们闻名而来，形成城市，而城市便以朱诺命名。淘金热随着时间渐渐淡去，可与淘金热相伴而生的采矿业却持续发展，成为了朱诺城的主要经济产业，即便是在以旅游业闻名的今天，采矿业依然是朱诺的支柱产业。那些自淘金热以来留下的矿坑旧址，如今已经成了游客追忆往日荣耀与伤痛的所在。

采矿时喷出的烟尘被工人吸入，黑肺病是那些采矿工人最害怕的魔鬼。不过如今的采矿作业已经完全由机器取代，而且操作这些机器的工人在这里享受很高的待遇，相比于淘金热时两美元一天的工作，现在的采矿工人是绝对的高薪高福利，而且多数为女性，她们比男性更吃苦耐劳，从不抱怨，非常了不起。

朱诺，是阿拉斯加的首府。所谓首府，就是吃喝玩乐都有、衣食住行都方便的地方。城市沿海依山而建，临近港口的商铺多为与邮轮公司合作的免税店，往山上走则是当地的民居，还有特色精品店和酒吧。

金带罗伯特山缆车（The Goldbelt Mount Roberts Tramway），在城市中心的富兰克林广场。从城市到山顶，每5分钟一班车，缆车红白两色，车上还绘有双头鹰的图案。山顶的林线餐厅（Timeberline）提供着自助餐，剧院里

有免费的乐队表演，他们被称为阿拉斯加的奥德赛。缆车终点站旁的小房子里蓄养着一头秃头鹰（bald eagle），被当地人亲切地称为巴尔的摩夫人（the lady baldimore），这里用了英语中的谐音手法，bald与baldimore部分相同，懂的人听到名字便会心一笑。山顶还有一段半小时左右的徒步环线，在环线的展望台可以将朱诺美景尽收眼底，脚下是朱诺城，远方是成片绿色原野，更远处，地平线外，是望不到边的朱诺冰原。

朱诺，是一个可以享受美食的地方。Tracy's Crab Shack，一家闻名全城的螃蟹店，卖水煮帝王蟹蟹腿，还有蟹肉糕和蟹肉卷等，因为离港口和富兰克林广场近，这里永远人满为患，等着服务员按名字叫号要等许久。街对面的Trove卖着精致的生活用品和小纪念品，紧挨着Trove的The Grind是一个小咖啡亭，是我最常光顾的地方，点一杯热巧克力就可以要到无线密码，可以在咖啡亭旁的木凳上一坐就是三四个小时，还有松鼠伙伴频频光顾。

阿拉斯加的野生动物都不怕人，咖啡店主为它们准备了花生，撒一把花生，松鼠会很机灵地用前爪抱起一颗，然后转身就跑，过个两分钟后，又会折返，来抱下一颗，直到将撒在地上的花生全部取走。

朱诺主街旁的空地

上，一到夏日旅游旺季，就会被各色房车和帐篷占满。不消说，它们的共同点是——街头小吃。有法式可丽饼，意大利比萨，阿拉斯加现烤三文鱼和大马哈鱼等，房车一停，门窗一开，帐篷一搭，餐桌一摆，招牌一挂，便可以开始营业了，一开就是一个夏天。

朱诺城里有许多酒吧，主街上的红狗沙龙（Red Gog Saloon）最有名。这个自淘金热起就存在的酒吧，从门面到内里都透出怀旧的气息。门是木门，左右两扇，吱呀推开，酒吧里更像一个小型博物馆，驼鹿、黑熊的头颅标本悬挂屋顶上方，满墙都贴着来自世界各地的游客的名片，酒保背后的酒柜橱窗里陈列着上世纪出海用的常见物品。

木桌木椅，地上铺着一层草木屑，仿佛还原了美国西部片里的场景。“如果我们的食物和服务没有达到你的标准，请降低你的标准”，酒吧里的招牌

语有着不可一世的语调，也彰显了百年老店的自信。玛格丽特冰川（Glacier Margarita），是这里的招牌，通体蓝色，像万年冰川一样的蓝色，冰块用的是从门登霍尔冰川取来的冰川冰，抿一口，立时被这冰川冰、酒精和薄荷的混合物浇了个透心凉。沿着海港走，还有菲律宾人的烧烤铺子，我喜欢这里，因为这里是唯一让我在阿拉斯加吃到了豆沙包的地方。

顶级老饕拜访的地方叫塔库小屋（Taku Lodge）。朱诺城里的塔库小屋只是一个普通的阿拉斯加特色餐厅，它沿海而建，以蓝色和白色为主要色调，小屋前是一排水上飞机。没错，真正的用餐目的地在塔库冰川里，要坐这水上飞机抵达。这个项目由双翼航空（Wings Airways）运行，在水上飞机上可以俯瞰塔库冰川，从空中看大冰川的样子让人颤栗，因为冰川融化，将冰川山脉撕出无数条裂缝，大约30分钟的空中飞行之后，飞机便降落在塔库冰川小屋。这座小屋已经有近百年的历史，是塔库冰川一带最早容纳徒步者和探险者的地方，也被这些闯天涯的勇士们称为“远方的家”。小屋为旅行者提供了形式大于内容的“盛宴”：现烤的三文鱼、鸡胸肉、卷心菜沙拉、烤面包、水果拼盘、香草煎饼、烤豆子、塔库小屋自制的姜饼，还有拌着冰川冰的柠檬水。谁让在这儿吃饭推开窗就能看见塔库冰川呢？美景当前，而且在付了200美元，坐了30分钟的飞机之后，哪怕吃的东西淡而无味也能让游客自觉津津有味。

晚上8点，邮轮陆陆续续开始驶离朱诺港，三文鱼渔船还在附近海上作业，白色的浮球连接的渔网在海面铺出巨大的平面。7月，正是三文鱼大规模洄游的时节，海面上时不时有三文鱼跳出，快得刚好是用肉眼可以捕捉到的速度。拿望远镜观看，渔民收网之时，一条条三文鱼从渔网中跳出来，想来，今天又会有一个好收成。

美国　史凯威
America Skagway

1898年一个普通的早晨，一个头戴宽沿边草帽，身穿西装，腰佩怀表，留着胡须的中等身材商人站在街区闹市口兜售着他的肥皂，一如平时。

他从装肥皂盒的箱子中取出一块，去掉肥皂盒和它的包装纸，转而用一张五美元纸币来包装肥皂，并对着围观民众说道："这肥皂值一块钱，你们谁要？"

当然，和所有的骗人把戏一样，行骗者一定有个帮手。

他的帮手买下了这块肥皂，那些初来乍到的围观民众看到了，以为一美元就能换5美元的肥皂，这样的好事，谁愿意错过？纷纷掏钱购买。

手法如此简单，结局也是明显的。可世界的荒谬在于，再幼稚的骗术，也有傻瓜为其买单。

但仔细一想，其实也并不荒谬，商人不过是利用了民众的贪婪，就像他们来这里的目的一样。

这里，就是阿拉斯加史凯威。

1887年6月，当地人斯库康·吉姆（Skookum Jim）带着探险家摩尔船长（William Moore）穿过一条新的隘口（如今的怀特山口 White Pass），来到了特林吉特语中意为“北风之家（home of the north wind）”的斯卡夸（Skaqua）河谷，即今天的史凯威，摩尔船长在此开始建造码头和房屋。

1896年8月，吉姆和另两人在史凯威以北960公里处，如今加拿大育空地区克朗代克河（Klondike）支流的波南沙溪（Bonanza Creek），当时叫作兔子溪，勘探到金矿的消息不胫而走，淘金者蜂拥而至。而当时的美国正值经济萧条时期，对于财富和金子的渴望也达到顶峰，在美国西海岸旧金山一带，淘金热早已开始。淘金热在当时几乎是一场民众自发的营销运动以及社会运动。现在来史凯威的许多美国和加拿大游客，就是来重温儿时那些耳熟能详的故事，或者追寻他们父辈淘金的足迹。

虔诚的淘金者、矿工和冒险家乘着蒸汽船或者徒步而来，当然，和他们一起到来的还有各种投机分子。商人杰弗逊·史密斯（Jefferson Smith），人称肥皂水史密斯（Soapy Smith），便是其中一位，就是本文开头的这位骗子商人。人们送他昵称肥皂水，不仅是因为他的商业从出售肥皂开始，更因为他像肥皂水一样滑——圆滑，狡猾。

肥皂水史密斯经营过电报公司，只是这电报公司根本没有电报线，只收钱不办事；他还拥有货运公司，只是货物转眼就被扔掉，他还开过不正当经营的赌场。这些听起来非常魔幻，但却真实发生过。

一个人不可怕，可怕的是他还有一个团伙，最多的时候有200多人。从1897年到1898年，史密斯俨然已经掌控了当时还处于无政府状态的史凯威，他是当时真正的“市长”。每次，当有新人来史凯威淘金，他和他的团伙就用各种手段欺骗甚至抢劫财物。就这样，史凯威成了臭名昭著的地方，来史凯威的人越来越少。

出来混总是要还的。1898年7月，史密斯照例带着他的团伙对新的到来者敲竹杠。结果这些新到来的矿工们组成了一个自卫队，于当夜和史密斯的人进行火拼枪战。其中一个叫弗兰克（Frank Reid）的人向史密斯开了一枪，史密斯中枪身亡，而弗兰克也因枪伤去世。

现在的史凯威第二大道，有一座白木屋，名为杰夫·史密斯的会客厅（Jeff Smith’s Parlor）。这里原是史密斯的赌场旧址，现在是一个小型的博物馆。屋内的墙壁都贴满报纸，据说是当时为了防止冬天透风，以此法取暖。一进去就是一个酒吧台，摆着各种瓶瓶罐罐，吧台前是一个仿造的史密斯假人，角落里还有一个蹲着的假人老妇，贴着老妇人的是一个小隔间，里面是一个持枪假人。据说，根据最初的设计，参观者一打开门，史密斯会转过头望向参观者，持枪者从隔间伸出手枪，枪响，老妇人尖叫，这是一个联动装置。再往里走，第二个房间陈列着淘金热时各种和吃喝玩乐有关的物品和模型，第三个房屋则是各种旧时的信息图片合集，反映了当时史凯威的生态环境。在这里，45分钟的时间可以跟着解说员沉浸于淘金热时的史凯威，不过最吸引人的还是史密斯的故事。

“杰夫·史密斯死后不久，开始有了两个不同的故事版本。”

官方版本是：史密斯和弗兰克互相开枪，击中对方，最后两人皆因枪伤而亡。

民间版本却是：弗兰克中了史密斯射来的子弹，而史密斯躲过了弗兰克的子弹，开枪射杀史密斯的是一个来自当时美国政府内部的神秘第三人。因为史密斯的作为让来史凯威淘金的人越来越少，产生了极糟糕的社会和经济影响，所以他不得不死。而史密斯死后，所有的黑故事就都安在了史密斯的头上。其实，史密斯还捐助过许多教堂，做过慈善事业，可是没有人提。

史凯威的人们对外宣称："你们所知道的那些坏事都是史密斯干的，现在他已经死了，你们可以继续来史凯威淘金了。"

这个故事版本听起来颇有阴谋论的味道，似乎史密斯是恶贯满盈的罪犯却又同时是一个背锅侠。不过官方依然坚持，绝大多数和史密斯有关的故事都是真实的。无论这些故事是真是假，史密斯无疑已经是淘金热时的史凯威故事中最为戏剧化的一笔。

这戏剧化让一个人嗅到了商业气息，他就是将史密斯的会客厅变成博物馆的人——马丁（Martin Itjen）。

马丁是史密斯的忠实粉丝，更是一个极具商业眼光和头脑的人。他判断史凯威将来一定会成为一个旅游胜地，而他也这么做了。马丁四处收集淘金热同期的物品，只要是他觉得有趣的，通通放入博物馆中。另外，他还开始经营史凯威城内的观光车，这观光车至今依然在运营，成为了游客参观城市的方式之一。1935年，马丁带着他的观光车和史密斯故事剧本进入了好莱坞，自此，史密斯、史凯威和克朗代克河淘金热被更多人所知悉，史凯威也成了阿拉斯加标志性的旅游地之一。对于史凯威，马丁无疑是这个城市最好的营销推手。

历史很戏谑，史密斯利用各种手段发不义之财，而他发不义之财的故事却让马丁真正发了大财。马丁死后，人们在他的墓碑旁放了一块巨大的镀金矿石，的确，他在淘金热中挖到了真正的“金矿”。

史凯威主街第六街口，有一座红白相间的房屋，F.O.E（The Fraternal Order of Eagles），简称鹰之屋，建于1899年。史密斯去世后，史凯威城市的秩序开始重新建立，六位商人合资将当时城市里的两座酒店合并成一幢新建筑，代表着这个城市新的开始。1923年起，游客陆陆续续到来史凯威，旅游业正式发展起来，鹰之屋改造成了剧院，表演筹募的资金全部用来捐助给当时当地的曲棍球队，而现在则全部成为慈善捐款。剧院的表演至今还在上演。

“来啊，来看98年的故事秀（Day’s of 98 Show）。”每场表演前，都会有两位女舞者坐在二楼的窗台上向往来游客热情招呼。所有的表演者也都是工作人员，散了场，就变成了售票员和爆米花售卖员。

每日三场，偶尔还会晚上增加一场，每场约1个小时，歌舞剧形式，台词简单易懂，气氛欢快，表演者还会请游客上台互动。

“这位先生，你叫什么名字？”

“我叫史密斯。”

是啊，每一个被叫上台的观众都有如此默契，因为剧院的布景正是杰夫·史密斯的会客厅，而剧院上演的正是肥皂水史密斯的故事。由于马丁的极力宣传，当现在的人们回忆起史凯威的淘金热时，必然从史密斯的黑暗故事开始，史密斯已经成了那个时代的标志。代表着城市新希望的建筑却反复演着旧日黑暗的故事，历史再次戏谑了我们。

怀特通路与育空线 White Pass & Yukon Route

杰夫·史密斯的去世是史凯威城市发展的一个转折点，史密斯死后，史凯威随即走上了光明的发展之路。而其中最具有标志性的事件就是怀特通路和育空线的建造。在史凯威的火车站有一架由库克机车厂（Cooke Locomotive Works）生产的1号红色蒸汽旋转铲雪机车，据说最多可去除10英尺（3.05米）的积雪，已经成为了火车站的标志。

“给我足够的火药和凿子，我可以把铁路修到地狱。”

这是爱尔兰建筑师迈克尔·希尼（Michael James Heney）的名言，充分反映了当时铁路建造者们一往无前的精神。1898年，在淘金热鼎盛时期，他说服一群英国投资者融资一千万，与美国工程师和加拿大承建商共同合作，集合35000名工人，修建了这条从怀特山口小路到白马市（White Pass）的铁路。

建造这条长177公里的铁路，需要克服多方面的挑战。从海平面建到海拔873米的怀特山口，其中约有百分之四的道路是陡峭的斜坡，还需要在峭壁上建造只有16度的转角位、隧道和无数的桥梁支架。其中，为了在26公里地段建造隧道，工人需要在低至零下60度和布满积雪的天气工作。严寒和恶劣的工作环境拖慢了工程进度，工程由两队人从南北端同时进行，历时两年，终于在1900年，两队队员在卡克罗斯（Carcross）会合。这也是当时建于西半球最北方的铁路。而现在，它有一个更被人熟知的名字——世界景观铁路。

搭乘怀特通路和育空线重温淘金时代已经成为现在游客来史凯威的必体验项目。游客可以选择3.5小时往返怀特通路顶峰的路线，4小时往返加拿大大不列颠哥伦比亚省的路线或者8小时途经契尔库（Chilkoot）小路终点的班奈特（Bennett）往返育空地区的卡克罗斯的路线。

景观铁路，名不虚传。火车一路向育空行驶，车厢是复古的，上车后检票，每一个座位上都放着小手册介绍这条铁路的建造历史和途经景观，每次有景点经过时，全列车都会广播。车厢里还有矿泉水可以自取，列车员统一穿着淘金热时候的黑色制服。因为火车中途不停，行驶速度又很快，把相机设置成自动模式最好，免得错过那几秒钟的风光。坐火车拍风景要么选第一节车厢，要么选最后一节车厢，以便在拐弯时能拍到火车的全景。

好风景从淘金热时期的公墓（Gold Rush Cemetery）开始，这公墓便是当年淘金者的安息之地，也是杰夫·史密斯和弗兰克发生枪战的地点。只是有一点可惜，火车行驶在低海拔路段时，由于杉树林茂密，难以透过杉树林看到美景，直到洛克角（Rocky Point）拐角，才能稍微一窥。沿路有标志性的布坎南石，发生过施工事故的黑十字石（Black Cross Rock），还有仅10秒便会错过的新娘面纱瀑布（Bridal Veil Falls）。而铁路靠近山的一边因为山顶积雪融化，汇成小溪流流下，流过铁轨下方。沿途的风景像西藏的林芝，透过茂密的冷杉望去，可见纵深的雨林峡谷，那是万年冰川退行的证明。

随着海拔越来越高，树木开始变得稀疏，眼界越来越开阔，风景越来越震撼，有了瑞士少女峰的影子。这都要感谢史凯威晴朗的天气，也许是因为史凯威位于通加斯森林的边缘，没有如朱诺和科奇坎相仿的雨林小环境，使史凯威成为了阿拉斯加停靠的三个港口中唯一一个经常天晴的城市。蓝天白云，远山苍翠，山顶有积雪，林间还有瀑布飞泉，还能听到河谷对面火车的鸣笛声。

沿途的第一个26公里处的隧道口（Trestle & Old Tunnel）出现了，火车

一个90度的转弯，向窗外瞥去，一惊，原来这隧道是建造在300米的冰河峡谷之上，而一条瀑布正好从隧道前的桥下倾泻而过，在重叠群山处还能望见停在港口的邮轮。从第一个隧道口之后，惊喜不停，快门不停。首先是灵感角（Inspiration Point），这里能看到林恩运河（Lynn Channel），遥望克里卡特山脉（Chilkat Range）和太平洋，这里自建成后就一直是摄影师一致赞同的最佳摄影点；紧接着是让所有乘客都离不开目光的钢桥（Steel Bridge），建于1901年，是当时的工人们运送货物的必经之路，现在已经弃用了，钢桥气势雄伟，即使是放在当世任何一座城市也必定是地标性的建筑，更何况是造在峡谷之上，横架于山脉之间。钢桥之后便是位于30公里处的第二个隧道（Tunnel & Trail of 98），这个隧道的建造就是为了取代旧有的钢桥，也要感谢这隧道的建造，让乘客几乎能180度欣赏钢桥的壮美。

位于33公里处的怀特通路之顶峰（White Pass Summit）有独特的地理意义，这里是阿拉斯加与育空地区的分界线，是美国与加拿大的国界。国界并不显眼，只在国界线上的小山坡的一块圆石上竖了一小块方尖碑，方尖碑两旁各插着一面加拿大和美国的小国旗。怀特通路的景观线也到此结束了，如果只买了怀特通路票的乘客便从此地开始返回史凯威，而育空线的乘客则继续前行。过了顶峰，风景就变了，云杉、冷杉和白桦树越来越少，目之所及都是高山草甸，因为海拔升高，车厢外的温度也变低了，草甸中还有结冰的湖和大堆尚未融化的积雪。

淘金 Gold Pinning

有历史背景作衬托，淘金，成了史凯威最火的旅游体验，尤其受到小朋友们的欢迎。

金野（Gold Field），一个以阿拉斯加文化为主题的体验基地，有市区接驳车可以到达，附近还有制作彩色玻璃的珠宝公园（Jewelry Garden）。

淘金，就是金野的一种项目。在史凯威，淘金体验的地点有多处，朱诺也有，但是过程都大同小异。

淘金前，身穿淘金时期服装（束胸束腰棉布长裙加花衬衫）的工作人员开始为大家讲解淘金的步骤。之后，每一位参与者就各取一个淘金盆，一个装金的小瓶子，往筒中取一盆砂金，而淘金地早已放好了六个大木桌，木桌中各有一个长方形的装满水的大水槽，参与者围到木桌边，便各自开始体验了。

淘金盆，英语中用 pan 来表示，pan，还有平底锅的意思。此话不假，端详一下手中淘金盆的造型，分明就是没有了手柄的平底锅。质地嘛，有陶盆也有铁盆。砂金不能取满，大概占盆的四分之一左右。砂金，是从当年淘金地附近开采来的，是含有金子的原始砂矿。

淘金的第一步是将水槽水装入淘金盆，然后左右摇晃盆子1～2分钟。

第一步是为了让水和砂金充分混合，在摇晃中，砂金中的矿石物质开始分层，分量重的沉淀在盆底，分量轻的细沙上浮。淘金的原理很简单，因为金子的密度比水大，也比绝大多数自然界能见到的矿石大，所以在水流不断地搅拌和筛选中，分量重的金子最后会留在盆底。

第二步，将淘金盆微微倾斜，砂金聚集到盆中一角，将水缓慢地倾倒入水槽，表层的细沙也就随着水流进入水槽。然后再往水槽中取水反复第一步和第二步，直到只剩下盆底一小撮砂金。期间，如果遇到大块的石头，直接用手取出即可。

“I panned out!”（我成功了！）

站在我对面的一位大叔，举起自己的淘金盆，向身边的工作人员展示着自己的成果，只见一点点小金花贴在盆底。与大多数人印象中的整颗的金子不同，淘金其实淘的就是这些混在砂土中的小金花。淘金，是当时的美国人眼中成本最低、性价比最高的致富途径。确实，只需要一个盆子，在金矿周围努力地淘，总能淘出数量可观的金子。也因此，从淘金热流行来的“pan out”成了成功的代名词。

当盆底只剩下少量砂金的时候，就可以开始第三步，往盆中舀少许水，

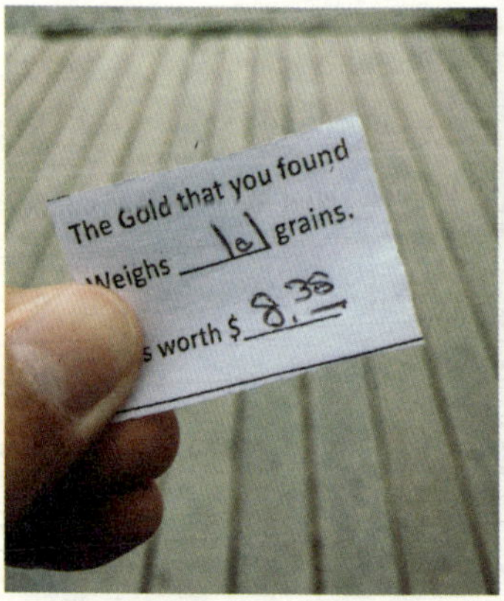

让水刚刚没过那一小撮砂金，然后旋转摇晃盆子，让盆底的砂金也随着水流开始搅动。质量轻的沙子会随水流旋转起来，而金子不会，那一点点小金花就会慢慢显露出来了。

最后，用干燥的手指轻轻点小金花，小金花会吸附在手指上，再将小金花轻轻弹进装金花的小瓶子里就好了。数了数，总共六小片，初次淘金能有收获，我觉得心满意足。

“哇……”身边的圆脸金发小女孩突然哭了起来，原来是不得要领，没淘到金子。工作人员安慰后便开始帮忙淘金子。工作人员技巧娴熟，没几下那小女孩的淘金盆底就金灿灿一片。别的游客都是几片、十几片，这小女孩突然有了二十几片，真是羡煞众人。

“为什么你可以淘得这么好呢？”小女孩奶声奶气地问。

“因为这是我的工作啊。”工作人员一本正经地回答。

这答案真让人忍俊不禁。

淘金结束后，游客可以拿着装金的小瓶子到基地的称金处。称金师很专业，先将瓶子里的小金花们倒在吸水纸上去掉水分，再轻轻吹走残余的细沙，最后将小金花们放到专用的称金秤上，之后游客会拿到一张写着重量和价格的小纸片。1.01克，根据当日金价换算，价值8.43美元。这纸片可把我乐坏了，为自己的一小时成果感到高兴。游客可以直接带走自己淘到的金子，也可以花20美元买个透明的圆形小盒子挂饰，将自己淘的金子装在里面。如果什么都没有淘到，也没有关系，史凯威商店里有许多与所装金花等值的透明小瓶子，可以购买留作纪念。

训犬师的夏日营地　Musher's Summer Camp

和淘金一样，另一个体验团也深受小朋友的欢迎，那就是训犬师的夏日营地。

Musher，阿拉斯加雪橇犬驾驶者和训练者，姑且称之为训犬师吧。夏日营地就在史凯威带依（Dyea）河谷附近，听名字就知道是当地喂养和训练雪橇犬的地方，不过，真正吸引小朋友们是阿拉斯加雪橇犬的幼犬们（Puppies）。

来到夏日营地体验，会先体

验狗拉雪橇，有了在朱诺真正冰原雪地里体验雪橇的经历后，营地的雪橇体验实在是小巫见大巫了。营地的雪橇体验是在一块林地中，林地中被划出了条环形跑道，雪橇犬们拉着乘客沿跑道跑三圈结束。雪橇车也和真正的相去甚远，是带有遮阳篷的仿雪橇用车。体验完雪橇后，游客可以在中央平台观赏带依河谷美景，听训犬师讲他们的训犬故事。

“我们的幼犬才刚出生1～2周，如果你们抱它们的时候，它们会不小心在你们手上留下了黄色的液体或者固体，千万不要惊慌失措把它们摔在地上呀。如果害怕弄脏你们的手或者衣服，营地里有塑料手套可以免费使用。”

训犬师的提醒生动形象，也让人立即就心领神会。每个人都期待与幼犬们相见。

当幼犬们一只只被训犬师从围栏中抱出来的时候，我瞬间就明白为什么那么多人喜欢它们了，真是太萌了。幼犬们还没有爪子，脚掌小小的，掌心的肉垫还是粉红色的，皮毛短短的很柔顺，眼睛圆溜溜的，一脸无辜，但是没睁多久就合上了，因为出生不久，就像新生儿一样嗜睡，闻一闻，乳臭未干，偶尔喘气还能听到轻微的呜咽声，一抱上手就不想放下，恨不得立即拐带一只回家。

“大家要学会分享，可以互相交换一下抱。”训犬师说。

团里的小朋友们很听话地互相交换。我内心暗自惊奇幼犬的力量，它们什么都没做，却已经给孩子们上了一课。

人们爱自然、爱动物、爱生命，似乎是天性。幼犬们萌，孩子们抱着幼犬的样子更萌，有的会抓幼犬们头颈和后背的毛，有的直接举起亲亲，还有的用下巴和幼犬头顶的毛相互摩挲着。

“多少钱一只？”问题出自一位父亲，大概是见自己女儿太喜欢，想买一只了吧。

其他游客也纷纷将目光聚焦到训犬师身上，等答案。

“以前有人买过，不算运费和体检费的话，1000美元多吧，一只。”

被这个答案惊讶了，没想到真的是可以买的。

那位父亲后来有没有买下这只幼犬我不清楚，但是人们对幼犬的喜爱却深刻烙印在脑海中。

看幼犬不仅可以去夏日营地，还可以在邮轮上。公主邮轮在每次停靠史凯威港口的时候，都会邀请当地的训犬师将幼犬抱上船让游客合影。

活动的时间一直是45分钟，却总是被延长，因为想合影的人实在太多了，队伍非常长，可以绕中庭广场一周，甚至比每个正装晚宴想和香槟酒塔合影的人都要多。

阿拉斯加雪橇犬小时候是萌宠，长大了是英雄，阿拉斯加航季的绝对明星，难怪被那么多人喜欢。

史凯威城

“如果你们在史凯威迷路，我会感到很震惊的。”（If you get lost in

Skagway, I will be very impressive.）这是来自史凯威红洋葱沙龙（Red Onion Saloon）的女导游的开场白。

史凯威城市很小，主街名为宽街（Broadway），也是游客们参观和购物的主要去处，仔仔细细逛，也就1个小时。从第一大街到第九大街是历史街区，保留了自淘金热以来的所有标志性建筑物。

最显眼的一幢楼要数第二大街与主街交叉口的红洋葱沙龙。邮轮的游客一进入主街，就能第一眼看到它，而它也总是人满为患，一道仅容一人通过的窄门开开合合，似乎从来没有真正关上过，门旁的木椅上也一直坐着等待的顾客。

红洋葱沙龙，听这个名字就知道，与阿拉斯加其他城市的红沙龙系列一样，前身是红灯区，不过现在的红洋葱沙龙则是一个特色餐厅兼酒吧，点一碗克朗代克洋葱汤品尝，有红菜、肉丸、洋葱，汤表面还浮着一层浓油花，可以想象淘金热时期人们对于高热量食物的渴望。沙龙的二楼是一个小型的博物馆，游客可以付费在特定时间听这里的姑娘们讲述淘金热时史凯威的情色行业的发展史。

沙龙里的姑娘们头戴红黑羽毛，画着精致的妆容，穿着红黑为主，以尼龙和纱为主要材质的抹胸束腰长裙。抹胸衬衣的褶皱里还塞了许多5美元的纸币，那是淘金热时顾客们给小费的方式，现在则是她们的特色装饰。沙龙里的姑娘们还有一个更主要的身份——导游。她们会带游客穿梭在史凯威的大街小巷，讲述城市的历史和骇人听闻的鬼故事，游客想要参与，必须提前预订。

很多人认为淘金热是男人的传奇，但其实女性也深深参与其中。有传闻，当年第一个发现克朗代克河金子的其实不是吉姆，而是吉姆的妻子，只不过，就像那个时期人们常做的一样，如果一个男人的妻子做了什么事情，如果是好事，会归功于她的丈夫。

对淘金的热衷不分男女，家庭主妇、售货员、酒吧侍应生、跳舞女郎、医生甚至修女都曾来到克朗代克参与淘金。她们和男性一样肯吃苦，有着对财富的渴望，打包行李，翻山越岭。她们的成果还不比男性淘金者差，其中一位叫威利斯（Mrs. Willis）的女性在育空河谷淘到了当时价值30万美元的金子，而一些跳舞女郎在淘金热中出名之后则顺利登上了好莱坞的舞台，比如一名叫

凯特的舞蹈女孩，在那时被称为“育空的烟火”。不过最为人欢迎的是莫烈·沃尔什（Mollie Walsh），她在淘金热的营地，班尼特湖边开了一家餐馆，饥肠辘辘的淘金者们吃着纯手工制作的美味，看着这位拥有美丽大眼睛的爱尔兰姑娘，这体验就像寒冬里的一道暖流，使莫烈拥有众多倾慕者，而她的铜雕像还树立在今天的史凯威儿童公园里。

紧邻红洋葱沙龙的是一幢被粗壮的灰色藤条包裹的木屋，就和魔法森林里精灵们住的房子一样。在门的上方，与灰色藤条形成剧烈视觉反差的是金灿灿的“AB”二字，字母上还有一个淘金盆和金矿标志。这里是北极兄弟会（Arctic Brotherhood Hall），是淘金者的工会，建于1899年，当年，工会的工人们在附近的河流和海湾中捡了8800多根浮木，将它围绕在屋子周围，不过一大部分的浮木早已腐烂了，现在的大楼被政府重新维修过。而现在的AB大楼已经是史凯威当地的旅游局所在，游客进去后可以询问和史凯威有关的旅游信息。

AB楼的旁边则是金北饭店（Golden North Hotel）。最耀眼的部分是饭店的金色穹顶，是仿俄罗斯索菲亚教堂的形制，这穹顶是后人加上去的。在1898年，金北饭店可是史凯威唯一一座两层楼的建筑，现在它已经成为了一家零售店，以出售当地的木雕制品为主。

和朱诺、科奇坎不同，旅游业是史凯威的唯一产业。史凯威人口少，常住居民只有1000人左右，冬天这个数字则会下降到700，在夏天，则会飙升到3000人左右，但还没有中国一个普通社区里的人口多，这些人都从事与旅游产业相关的工作，而主街上的很多店铺也只有在夏季才会开放。主街上除了老建筑外，其余的便是免税店、餐厅和各种特色手工艺品商店。

甜筒工厂（Kone Kompany），临近第五大道，每次靠港我都会来这家店买一个超大甜筒，甜筒的饼皮是店家手工制作的华夫饼，店面主打蓝白色，在主街上一眼就能认出。第一次吃这冰淇淋的时候是5月底，史凯威还是有点冷，吃着冰淇淋，起初还能感觉到冰冰的、甜甜的，吃完后，嘴巴就已经麻了，舌头打个转，才发觉上颚已经被冻起了一层皮，倒是应了这家店的标语——“再冷也要吃冰淇淋”。

淘金，是个重体力活，在常年寒冷的阿拉斯加，高热量的食物才能满足淘金者的需求。因此，淘金热时期流传下来的小吃都如这甜筒冰淇淋一样以高热量为主。太妃糖或者软糖，还有爆米花都是高热量食物。还有克朗代克面团男孩（Klondike Doughboy），位于第三大道的巷子里，通俗来说，就是油炸大饼，将面团揉成大饼状，下锅重油炸，至金黄色，捞出，双面都撒上白糖，这只有碳水化合物和脂肪构成的食物却是游客人手一个的必尝点心。

邮轮在史凯威的停靠时间格外感人，经常是早上6点半就到港，晚上8点半才离港。漫长的时光可以使游客好好享受。从主街回邮轮，如果逛累了，可以乘坐史凯威的接驳巴士返回各邮轮港口，2美元一次，5美元全天，只是巴士一站一站停靠，加上城市本来就小，有时坐巴士还不如走来得快。回程的时候，可以到主街上的史凯威新闻站（Skaguay News Depot）逛一逛，这里有丰富的淘金热资料，想了解阿拉斯加的地理信息可以购买国家地理特刊；想了解淘金时期雪橇犬的故事，可以购买杰克·伦敦的《野性的呼唤》，杰克·伦敦也曾经是淘金者中的一员；想读游记，则不能错过约翰·缪尔。

若是盛夏，经过城外的小溪流，还能看见成群的三文鱼，一动不动拥挤在清溪里。小城公园里会有居民烧烤和垂钓，不过鱼钓上来了就又放回去，钓鱼只是乐趣，不问收获。何况，这时候，鱼多得根本不需要特意去钓，直接下水，一抓便是一条。

邮轮驶离史凯威，站在7楼的甲板上，可以看到第一泊位对面的岩石壁上各个邮轮的品牌纪念印刻，那些来到史凯威的邮轮就像普通游客一样在这里留下自己的印记，将自家的徽章、船名、船长名和抵达日期涂在这岩石壁上。

阳光斜照在海面上，成为一条条金带，金色的反光极为晃眼，这金带不就是自然赐予的“金子”吗！

美国　冰河湾国家公园

America Glacier Bay National Park

“茫茫冰原，无法言说的纯洁与庄严。”——约翰·缪尔《阿拉斯加的旅行》

约翰·缪尔，他是最早的记录阿拉斯加的自然学家，是出生于苏格兰的徐霞客。马可波罗的游记打开了西方前往东方淘金的大门，而约翰·缪尔的游

记则吸引了一批又一批的冒险家踏上阿拉斯加的征途。

后人描写阿拉斯加，总会引用约翰·缪尔的记述，我也不能免俗。

感谢约翰·缪尔，他的游记让人们知道了阿拉斯加的美，这人间的最后一片净土，也是因为他的游记，阿拉斯加至今依然是最后一片净土。

如约翰·缪尔所说：冰原，纯洁，庄严，这几乎概括了人们对冰河湾国家公园的所有印象。

而打造出这一幅美景的魔术师是雪。

每年9月，阿拉斯加的北部开始飘起初雪，

由于纬度高，阿拉斯加的冬季可以一直持续到来年的5月，漫长的雪季和冬季提供了绝佳的气候基础。雪，纷纷扬扬落到山谷之中，形成茫茫冰原。积雪越来越多，直到山谷再也托不住，如满壶烧开的水，沸腾之后，溢了出来。积雪倾泻下来，那些较早落下的雪层由于重力被不断压缩成为高密度且光滑的晶体，与山谷中的岩石严丝合缝，你中有我，我中有你，而早期的雪层如同润滑剂，助推了积雪的流动，冰原如河般流动，人们便为之命名冰河，也叫冰川。

每一座冰河的积雪量和融雪量在百年的时光里增增减减，冰河也因此前进或撤退。前进的冰河逐年扩大，雄伟壮观，撤退的冰河则移山削石，形成峡湾。冰河的流动有改造山川的能力，流动中所裹挟和搬运的岩石和岩石屑是它们流动的见证，被称为冰碛（Moraine），根据冰碛物在冰川体内的不同位置，可分为侧碛、中碛和终碛等。

根据在山脉中形成的位置不同，冰河还被分为不同的种类。落在宛如碗状的山谷之中，成为盆地冰河（Cirque Glacier），冰雪倾泻下来形成峡谷和峡湾的被称为峡谷冰河（Valley glacier），如果冰雪倾泻下来终点不在峡湾而在平地上，则称为山麓冰河（Piedmont glacier），如果多个峡谷冰河汇集到一处，则会出现更为壮观的潮汐冰河（Tidewater glacier）。

马杰瑞冰河 Margerie Glacier

马杰瑞冰河就是典型的潮汐冰河，所谓潮汐冰河，从正面看去，其形状就犹如被冰冻的潮水一般。

在整个冰河湾国家公园中，马杰瑞冰河是绝大多数邮轮都会选择近距离停靠的一站，也是大多数游客在阿拉斯加航程中唯一可以近距离观察的冰河。

船长驾驶邮轮从峡湾驶入，最先欢迎游客的是浮冰。一开始只是小的冰块和冰山屑，越接近冰河，冰山屑的数量越来越多，整个水面都是白色的块块点点，大冰块和小冰山也逐渐出现。

小冰块浮浮沉沉，又无一相同，多么像红尘俗世中的凡人遭遇。

拍摄各种各样的小冰块是一种乐趣，这些冰块有的像棉花糖，有的像尖锐的芒刺，还有些表面坑坑洼洼的。冰块的颜色也不一样，有些淡蓝，有些雪白，还有些有大面积的炭黑色，想来是融化时裹挟了大量的岩石屑。

因为这些岩石屑，冰河前的水里融入了大量的矿物质，海水变为灰色，就像在一大杯牛奶里加了一勺黑芝麻糊的那种颜色。

船长逐渐减速，慢慢靠近冰河，最后选择适宜位置停止，这一停就至少一个小时，船长中途还会旋转邮轮，以方便左右舷的乘客都有观赏的机会。

当天的天气决定了观赏冰河的体验质量。晴天最好，非常暖和，冰川的蓝，积雪的白，岩石的黑，杉木的绿，颜色鲜亮分明。还能远眺冰河后的冰原，其上只有几丝薄薄的云，阳光透过，照亮整片冰原，宛若仙境。可惜冰河湾的晴天实难遇到，多的是阴天、雨天或者大雾天。雨天是最糟糕的，天气湿冷，一切都是一片灰蒙蒙的，甲板上没有游客愿意多待，那些冒雨观赏的，也都穿着雨衣或是裹着毛巾、毛毯。

冰河湾里的空气如阿拉斯加一样纯洁甜美，深吸一口，灌入肺里，冰冰凉凉的，是世界上最好的天然醒神剂。冰河的融化是一直在进行的自然过程，在英语中被称为“Calving”，只是融化的程度不同，频率有别。小冰屑的融化窸窸窣窣，从冰缝里一小撮一小撮地掉落，而大冰块在融化前会先发出一阵隆隆声，人们形象地称之为“白色惊雷”（White Thunder），冰块掉入水中，

溅起水花，在反作用力下又会再度浮出水面，这样的现象被称为“shooter”。当然，游客照相机的咔嚓声才是永远的背景音。

邮轮酒吧趁机推出了一款“冰山之巅”的酒精饮料，一茶匙糖浆，一勺伏特加，加摩卡咖啡至三分，加水至七分，调制之后，再加三块冰，最后再挤上奶油，挤成山峰的形状。“冰山之巅”仅在观赏冰河时销售，立时成了热销品，只见酒吧侍应生的签字笔从一只手转到另一只手，从无停歇。

野生动物 Wildlife

每一处知名的冰河景观都有其亮点，丰富的野生动物就是马杰瑞冰河的亮点。

数量最庞大的是三趾鸥，它们有着短小、尖细、嫩黄色的喙，身形小巧但看着有点儿胖，翅膀尖的羽毛呈黑色。从冰河融化的巨大冰块和小冰山成了三趾鸥们的庇护所和小天地，它们就静静地停在冰块上，当邮轮停靠在冰山前时，不少三趾鸥还会在半空中滑翔着接近邮轮，还有的则在冰山外围自在游泳。

它们的姐妹北极燕鸥是另一个庞大的族群，大量存在于峡湾中，就像冯骥才笔下《鸟的天堂》一般，若在晴朗的日子里，可看见上千只北极燕鸥围绕峭壁栖息盘旋，北极燕鸥的脚掌和喙都是橘红色的，头顶还有一小撮黑毛。

棕熊，是最能引起游客尖叫的动物。不是儿时抱着才能睡着的泰迪，不是动物园里被惨遭削爪的“宠物”，是真正的、在荒原中觅食的棕熊。不知道有多少游客把“看一次熊”列入阿拉斯加旅行的必做清单。正因为如此，船长对熊的踪迹也是格外敏感，如果发现了熊的身影，驾驶台总会第一时间播送。“左舷，发现一只棕熊，它正在两处灌木丛之间走动”，甲板上的游客纷纷掏出望远镜跑往左舷，在24倍望远镜下一探究竟。棕熊是独行侠，总是在岸边独自漫步觅食，能看到棕熊是难得的幸运，即使在阿拉斯加航行了3个月，我也只遇到4次。相比之下，黑熊更喜欢群居，在科奇坎的通加斯森林公园内探索时，经常可以看到带着熊宝宝散步的熊妈妈，遛娃这事儿，不分物种。

要论萌萌哒的动物当数海獭。自从在望远镜里惊鸿一瞥之后，少女心便被收割，海獭成为继大熊猫和考拉以后，在我心中排名第三的萌物。一张毛茸茸的圆饼脸，还有点扁，最妙的是圆脸上的短毛还比身体的毛颜色浅，为米白色，这使圆脸更突显了，两个小眼珠乌黑的，不过重点是小，看起来有点儿呆，鼻子也是个小黑三角。海獭是个仰泳高手，仰泳的时候，身子微微弯曲，像个毛团，游泳速度很快，圆脸还会时不时左右转转，两只短小的前爪或是相碰一起放在胸前，或是戳着自己两边的脸颊，千万不要和此时的海獭对视，否则再也难移开目光。想象这样的画面：一个晴朗的日子里，波平如镜的阿拉斯加内线航道水面上，周围的山脉倒影清晰可见，一只海獭慵懒地仰着头划着水，所经之处，只余下一道柔和的轨迹。

阿拉斯加的动物们也喜欢天气好的日子，在晴朗的日子里，看到各种野生物的几率就会大上很多。正在爬山的山羊，四处张望的驼鹿，独自嚎叫的孤狼，还有会跟随邮轮一起走、不断腾跃的海豚。天地，有大美而不言，而在冰河湾公园，这种天地和谐之大美是真真切切可以感受到的。

兰普卢冰河　Lamplugh Glacier

每一处冰河都有自己的历史，有些年轻，有些古老。经过兰普卢冰河的时候，船长会有意减速，让游客能更好地欣赏这古老的冰河。是的，古老。距离马杰瑞冰河不远的兰普卢冰河可以算作马杰瑞冰河的长辈了，与蓝宝石一般的色泽是它年龄的证明。

上百年不化的积雪被逐渐压缩，冰

雪中的气泡被挤出，成为晶体一般的结构，如宝石一样，这晶体只有太阳光谱中的蓝色光能被反射。年轻的积雪多为灰白色，然后是雪白色、淡蓝色，再到如青金石般的蓝色。

兰普卢冰河的中央区域就是一片如青金石的蓝，而且光滑坚硬，且已与周围岩石融为一体，分不清是石头还是冰晶了，这最后剩下的冰晶也许永远都不会融化了，成为兰普卢冰河存在过的永恒证明。

亚库塔特湾　Yakutat Bay

冰河湾之后的一天，邮轮通常会来到亚库塔特湾。亚库塔特湾拥有冰河三最。

首先，位于亚库塔特湾的哈伯德冰河（Hubbard Glacier）是阿拉斯加西南部最长的潮汐冰河，从加拿大的洛根山脉（Mount Logan）开始，绵延约116公里。其次，在全球变暖的今天，哈伯德冰河还是罕见的正在前进增长的冰河，这得益于它背后的朗格尔—圣埃利亚（Wrangell-St Elias）山脉，世界上最高的海岸山峰群，为其提供了源源不断的冰雪来源。背后是世界上最高海岸的峰群，则是它的第三最。

虽然哈伯德冰河更震撼，但不知为何，多数的邮轮都选择在马杰瑞冰河

前作停靠欣赏，而当航行到亚库塔特湾，就只在海湾口逗留1小时左右，便径直往前开去，不得不说这是巨大的遗憾，哈伯德冰河在海湾的最深处，如果从海湾口看冰河，冰河只是一条深蓝色的短线，游客完全感受不到这最长冰河的魅力。

其实，对于邮轮的景观巡航而言，只要在不影响邮轮日程的前提下，一切都是由船长说了算。很幸运，在阿拉斯加的航行中，由于船长的短期假期交接，让我遇到了一位敢于创新的意大利船长。在他接手的六周里，一切以游客的最佳体验为先，也让我和这六个航程里的乘客有机会近距离地一睹哈伯德冰

河的风采。

单就长这一点，已经有足够的视觉冲击。看马杰瑞冰河的时候，冰河就在眼前，而看哈伯德冰川，停在同样远的位置，却需要180度来回转头才能欣赏过来。由于冰河大了许多，融化的冰山屑和浮冰也多了许多，邮轮完全停在一片浮冰之中。

这是我永远不会忘记的一天：整船的游客涌到右舷，10多分钟过去，如此巨大的冰川却没有一块大冰融化掉下，只听冰河后面发出隆隆声不断的巨响。突然，只见最左端的一片冰屑落下，随之而来的是始料未及的多米诺骨牌效应，冰河的最表面冰层从左至右接连成片掉落，此起彼伏的“白色惊雷”，冰块掉落海里溅起的水花一朵接着一朵，邮轮里游客们爆发出的惊叹声持续了一分多钟，发生得太突然，大家惊得连拍照都忘记了，直到惊叹声停止，冰河前还留有未散去的涟漪，忽而有几秒的静止，随之而来是雷鸣般的掌声，一船的游客心有灵犀般地齐齐鼓掌。

船长更是派发特别福利，降下了一只救生筏。邮轮摄影师、摄像师和两位引导员组成四人小队，搭乘救生筏，围绕邮轮一周，对邮轮展开了全方位的多角度拍摄，橘红色的救生筏在冰河之中显得格外醒目。那一天的冰河录像成为整个航程的爆款产品。之后，救生筏还大胆冒险驶往冰河，在船长的授意下，从浮冰之中取了一块刚落下的冰河冰带回邮轮，冰河冰被放置在了中庭广场，游客纷纷排队来触摸这得来不易的冰河冰。

学院峡湾　College Fjord

学院峡湾入口处的派克汉姆角（Point Packenham）是第一处地标，1964

年的一场地震，带来自然不可抗拒的力量使峡湾出现了倾斜，派克汉姆角处，有一片魔鬼森林，在地震的作用下，森林的东岸上升，西岸下沉，形成一道别致的弧线。

学院峡湾算得上是一座冰河博物馆，像教科书一般将与冰河有关的知识呈现在世人面前。每一处冰河都有其特色。

最先遇到的是两处悬挂式冰河，霍利约克冰河（Holyoke Glacier）和巴纳德冰河（Barnard Glacier）。之后是呈现了完美侧碛的韦尔斯利冰河（Wellesley Glacier）。而瓦萨冰河（Vassar Glacier）则让人看到了冰河退行后的样貌，小丛灌木和植被已经在终碛上生长，200年以后，这里将是一片茂密森林。布林莫尔冰河（Bryn Mawr Glacier）则是中碛，一条黑色的厚重的粗线是两条冰河汇集过程中堆积推送岩石的证明。最后是巨大的哈佛冰河（Harvard Glacier），正是哈佛冰河的退行形成了U字形的学院峡湾。

由于隐藏在威廉王子湾（Prince William Sound）的深处，学院峡湾避免了海浪潮涌的打扰。同时，由于哈佛冰河的退行，形成的峡谷极深，静水流深，在海水之上，是不断从各个冰河融化下来的淡水和岩石碎屑。在无风的日子里，水面是两岸青山与冰河的清晰倒影。

曾经有探险队对学院峡湾附近的每一处峡湾都进行了地质勘测并且记录了详细的数据，可是徒劳无功，这些数据如今看来都是一堆废纸，因为冰河每一天都是不同的，这流动的美怎么能用数字来衡量呢？

对于阿拉斯加的美，人类只要做到欣赏和保护就够了。

美国　惠蒂尔

America Whittier

安克雷奇（Anchorage）虽然是阿拉斯加的最大城市，但在夏天旅游旺季也无法承受每周数十艘邮轮的停泊量，于是位于威廉王子湾（Prince William Sound）西端入口处，距离安克雷奇一个半小时车程的惠蒂尔成了最好的替代港口。

惠蒂尔是一个“冉庄”，对，就是电影《地道战》里的高家庄。惠蒂尔曾以它的地道和隧道而闻名。和冉庄一样，这些地道和隧道在打仗期间成了重要的战士庇护所和游击堡垒。不打仗了，吃住睡都可以在隧道里，是当地居民冬季防寒过冬的去处。1964年，这些作为地道和隧道的军事基地陆续关闭了，转而铺了道路和铁轨，连接起了惠蒂尔和安克雷奇。

惠蒂尔很小，整个城市的人口只有不到200人，站在邮轮15层的露天甲板上就可以俯瞰整个城市。而城市中最有名的两幢建筑物是毕希纳大楼（Buchner Building）和贝吉奇塔（Begich Tower），名字是塔，其实是楼。这两幢楼是整个城市唯一的两幢多层建筑，也是建造最早的房屋，建于1943年。惠蒂尔就是以这两幢楼为中心发展起来的，楼之下便是原来的地道所在。比起灰扑扑的毕希纳大楼，贝吉奇塔的外墙被刷成了鲜艳的黄红蓝绿色，更有鹤立鸡群之感。贝吉奇塔前还养着两头驯鹿。神奇的是，城市里的绝大多数居民都居住在贝吉奇塔内，邮局、厕所、医院、学校以及市政府等公共服务机构也在楼内，是一幢真正的一体化综合大楼，有人戏称，住在这里的人，可以一年四季不用出楼。

由于人少，就没有那么多复杂的事情，环境简单了，人心就变得简单，住在惠蒂尔的居民非常友善且可亲。比如，在贝吉奇塔的一楼有一个海员之家，大卫（David）就是其中一名工作人员。每次有新邮轮到港，他和他的伙伴就会开着海员之家的专用车前往港口免费接送海员们。在海员之家有免费的咖啡和曲奇饼，更重要的是，有可以“救命的”免费无线网络。有一次出港口，刚好错过海员之家的专车时间，我追了几步，决定放弃，反正城市小，走到海员之家也就20分钟左右，可就在我停下的时候，专车停了下来，倒车来接我，就这样我认识了大卫（David），他说，是因为在后视镜里看见了在招手

的我。由于到访的次数多，我们慢慢就熟络了起来，每次往返都是他当司机。大卫非常敬业，有时候来海员之家的海员很多，而且每个人的回船时间不一样，可能两三个人刚走，一回来，又有人要离开，但他并不在意，认真做自己的工作。

“中国人信教吗？基督教在中国受欢迎吗？”他是一个虔诚的基督教徒，这点从车里各版本的教会资料就可以看出，不仅是车里，海员之家里也是，教会资料几乎是海员之家里的唯一读物，还有中文版的。

“基督教还是很受欢迎的，对了，你在这个小城生活吗？”我不反感宗教，但也受不了洗脑式的传教，干脆岔开话题。

“我在这里工作五年了，不过我生活在安克雷奇，只有夏天有邮轮来的时候，我才来这里。我原本生活在西雅图，后来在安克雷奇认识了我现在的妻子，我很爱她，于是，我就决定定居在安克雷奇，和她一起。”这是我第一次听到他说这么多话，平时他都是默默开车而已。

“哇，听着就觉得很浪漫。”

“是啊，爱是很神奇的，尤其是你爱的那个人正好也爱着你。”

是啊，爱是神奇的。也许正是爱把小镇变得一片祥和。

威尔（Will），一名渔夫，每年夏天都来惠蒂尔从事捕鱼工作。

威尔和妻子有一个快满周岁的宝宝，妻子将宝宝背在婴儿袋里，一家三口一起上捕鱼船准备出海。小家伙被妈妈抱到驾驶座上，就开始双手紧握方向盘准备开船了，这姿势，分明就是未来的船长。我心想，靠山吃山，靠海吃喝，一方水土养一方人，当真不假，这航海的天赋和基因已经在小宝贝的骨血里了。

因为靠海，船是当地人的交通工具也是生计来源。在邮轮码头的隔壁便是当地居民的避风港，港内停着一排排游艇和捕鱼船。游客也可以参加惠蒂尔的旅游项目，主要是皮划艇观光和冰河参观，最著名的是长达9小时的威廉王子湾26冰河全览。

沿港是一条漫步栈道，以邮轮港附近的惠蒂尔小旅馆（The Inn at Whittier）为起点，走到头是一个三角形的小广场，这里也是当地居民的主要游乐休闲区，有酒吧、特

色商店和餐馆。其中，最受欢迎的是一家中餐馆，只可惜，中餐馆的主人既不是中国人也不会说中文。中餐馆的对面是一间特色商品店叫 Log Cabin Gifts，售卖的东西很粗糙，但是小屋的造型和装饰却非常有特色，有童话色彩，是用各种带有彩绘的木头小花做装饰，还有各种木质挂件和驯鹿角做装饰。

小屋的后方，便是平静如镜的威廉王子湾，天高云阔，正好有一方白凳可以欣赏此美景。

只觉得可以就这样坐很久，久到忘记了时间，而此时此地便是天涯海角。

加拿大 温哥华

Canada Vancouver

如果乘坐邮轮游览阿拉斯加，那么，美国的西雅图、洛杉矶和加拿大的温哥华、维多利亚是最主要的四个母港。

2017年是加拿大建国150周年，格外热闹些。

卡普兰诺吊桥公园 Capilano Suspension Bridge Park

从某种程度来说，卡普兰诺吊桥已经是温哥华的标志。

在距离加拿大广场一个街口的位置就有去往卡普兰诺吊桥公园的免费接驳车，如果能在温哥华待上一整天，卡普兰诺吊桥是百分百不可错过的。

"我是船员，能打折吗？"

"给我看一看你的船员证……今天是你的幸运日，门票免费。"

这里是一个冒险者乐园。

卡普兰诺吊桥全长137米，100多年前起，吊桥就只以2条粗麻绳和香板木悬挂在卡普兰诺河河谷湍急的水面上，在近70米的高空中。卡普兰诺吊桥是世界上最长最高的步行吊桥。

吊桥初建于1899年，来自苏格兰的工程师兼地产商麦凯（George Grant Mackay）购置了北温卡普兰诺河两岸的六千亩土地，并在当地原住民的帮助下，用麻绞索和厚木板兴建了这座吊桥，沟通了河谷两岸。随着到访游客的增多，吊桥的名气也越来越大。麦凯去世后，这座吊桥几易其主，桥身使用的麻绞索也在1903年替换成钢索。1935年，当时的主人邀请原住民艺术家，在吊桥附近设置了代表原住民文化的图腾柱。1956年，新一任业主再次对吊桥进行了重建，形成了今天的模样。

桥下是深邃的溪谷河床，四周布满原始森林，每年吸引无数世界各地的游客来此一试胆量。据说该桥当年被原住民称为“笑桥”（laughing bridge），因为当风掠过山谷，吊桥在风中摇摆的声音，颇似人的笑声。

卡普兰诺吊桥的惊心动魄来自它的高和长，人类还是习惯脚踏实地的感觉，在高空之上，即使不会头晕目眩还是会感觉心慌气短。长，无疑增加了吊

桥的抖动性，再加上不少游客的有意为之，尤其在吊桥中段，胆小的游客几乎每走一步都紧紧抓住吊桥的绳子不放手。其实不需要太过担心，从吊桥的简介可以看出，吊桥的每一步施工，其拉力、阻力和承重力都是经过严格计算的，要相信科学的力量。

对于冒险者而言，可以尝试的不只有吊桥。围绕高空行走的主题，公园专程修建了其他两个项目，一个是树梢漫步（treetop bridge），在高大的树木之间建造围绕树干的栈道，两棵树之间则用短而小的木头吊桥连接，比走吊桥要轻松有趣多了，还可以近距离观察树木因高度而产生的变化。另一个是全透明的悬崖栈道（cliff walk），栈道建造在一峭壁外延，围绕峭壁形成一个大圆弧，栈道的地板用玻璃制成。这样的玻璃栈桥在国内许多景点都有建造，对中国游客而言，已经很熟悉了。

卡普兰诺还是一个森林文化公园。公园在一片原始森林中，空气新鲜宜

人，是个天然氧吧。

公园内布置了许多展览板，让游客能深入了解这原始森林里的文化。吊桥建造者家族故事，印第安人的图腾柱等，在每个定点都会有解说员解说。

过了吊桥，可以看到雨林动植物科普展览，不少标本都被放在小橱窗内，所有在这片雨林中能找到的动物，它们的信息都能在这些展览中找到答案。

而在游览悬崖栈道的过程中，游客还能了解雨林资源、水资源利用和保护、鲑鱼和水资源以及雨林关系的科普介绍，使人们懂得雨林对生态的巨大贡

献和对其保护的重要意义。

公园里还有互动项目。

买完门票后，可以拿一张盖章地图，公园内的每一个景点处都有钢印装置，在地图对应的位置盖上，在离开公园时交给服务人员就可以拿到一张到达吊桥的纪念证书。

对于小朋友而言，在树梢漫步的第一个书屋处，有一个雨林科学实验室，在工作人员的带领下，可以了解到许多雨林故事，参与雨林知识问答，还可以与雨林里的动物们亲密接触。

加拿大广场　Canada Palace

加拿大广场是温哥华的主要邮轮码头，由温哥华前往阿拉斯加的邮轮皆从此处出发。大楼顶部有五组由玻璃制成的白帆屋顶，因此也被称为五帆广场。在加拿大广场的露天平台行走，可以近距离看到停泊邮轮中的舱房和甲板上的设施，近到平台上的游客可以和站在舱房阳台里的乘客直接对话。

加拿大广场的旁边便是高豪港（Coal Harbour），高豪港是私家游艇和大型邮轮的停泊港，还有喷气飞机泊位。沿路有办公楼、餐厅、健身房、公园，沿着这条路便可到史丹利公园，可以一面吹着海风，一面欣赏着美

丽的花园城市。

晚上9点钟，邮轮旁的炮台灯塔被准时点亮，邮轮经过港湾旁，是那见证了东西方文化交流的日本帝王号船舰上的龙头雕塑，从狮门大桥下缓缓驶过，前方是山脉连绵的内线航道，远方是被雪覆盖的松基山。

加拿大　维多利亚
Canada Victoria

世界上有许多叫作维多利亚的城市和州府，它们的命名都源于同一个人——英国的维多利亚女王。

女王为这个城市提供了名字，而另一个女子则带给了这座城市让世人陶

醉的美。

布查特花园 Butchart Gardens

这美来自布查特花园，而这女子便是珍妮·布查特（Jenny Butchart）。起初，布查特花园的原址不过是一个采石场，偶然从朋友处获得的些许豌豆和玫瑰种子，让这个具有匠心的女子萌生了建造花园的念头，她说做就做，把采石场变成了一个美丽的下沉式花园。花园的美丽吸引了越来越多的人，许多园艺师慕名前来进行改造扩建，并提供自己的作品。现在的布查特花园已经有数千种花卉，占地近50英亩，但它依然属于布查特家族。

位于维多利亚市北部的布查特花园每年吸引数百万的游客前去参观，花园一年有五个花季，每一季主题和花卉都不同，12月到1月是最特别的圣诞季，

花朵凋谢了，花园便以彩灯装饰，布置溜冰场，供家庭在圣诞假期里聚会。花园名字的标牌下还有一行小字“Over 100 Years in Bloom”，盛放百年，真是对花园最好的概括。

美丽的花园映照出语言的匮乏，除了美丽竟然真想不出其他词语去形容和概括。同时匮乏的还有花卉植物知识。日常花卉我认得出来又能叫对名字的估计也就十几种，知道名字不认得花的估计也是十几种，发现自己长这么大竟然只能认得二十几种花草，略感羞愧。

诗人都喜欢拿花朵比喻美人，看到美女总忍不住上去搭讪一番，如今看到成片叫不出名字的鲜花竟然有相同想法。在游客信息中心取一本花卉植物指南，看看拉丁名字，再看看对应的英文名，最后再百度一下中文名字，在布查特花园的半天是一堂生动的园艺花卉课程。

进入园内，扑面而来一阵樱花雨。设计师将樱花作为入园行道树，要不要这么浪漫！花园的中央广场是玫瑰园，原来只是布查特家族的蔬菜园而已，如今这里有超过2500株、近250个品种的玫瑰，而且每一种玫瑰都被贴上了标签，也是花园内唯一为花卉贴标签的地方。

五月初的布查特花园正值郁金香特展，凡是游客行走的道路两边都摆满了郁金香，所有的郁金香都处于盛发状态，大朵大朵的，如同给街道全部镶上了边。

虽然郁金香是特展主角，其他应季花卉也不示弱，白色芥子花和紫色南庭芥间或种植，偶然还能看见几株毛地黄，它们总是一大簇地同时存在。白色的狐尾百合是高傲的，总与其他矮灌木在一起，显得与众不同。进入意大利庭院，就更加看不过来了，一树木兰配一树桃叶卫矛，树下是成片的羽扇豆，粉的、红的、紫的，而另一边则是一丛葡萄风信子。天竺葵、贝丽丝雏菊、瓜叶菊还有桂竹香，直接铺成花毯。报春花、牡丹、杜鹃应接不暇，低调的白色四照花默默盛开，不留意就会错过。小溪流里有刚落下的白色铃兰花瓣，溪流的岩石边种着几株雪片莲，花苞小小的，花瓣仿佛是透明的。在意大利庭院内的中央湖泊边还有一株金链树，湖泊里的倒影显出流动的金线，庭院的后方还有小瀑布。

看得久了，眼睛也偷懒了，眼里渐渐地区分不出花卉，整个世界仿佛是由不同的颜色色块构成的。

布查特花园东西合璧，在玫瑰园的不远处就有一座龙形喷泉，是由苏州市捐赠的，为纪念与维多利亚结为姐妹城市35周年。苏州以园林闻名，在这一点上，两座城市确实以姐妹相称最合适。从玫瑰园往西，是日本庭院，与意大利庭院的热烈不同，日本庭院非常幽静，少见花卉，主要以树木为主，庭院的入口是日本传统的鸟居，一路拾级而下，右手边的石头中有一只铜铸小金龙，小溪流自金龙下流过，流入水潭，水潭内还有惊鹿，庭院里有木板桥和茅草亭，桥的扶手还涂了朱漆，确实让人恍惚如进入了日本一般。庭院内种植了枫树和其他叫不出名字的树木，而日式庭院也是花园内唯一一个种植了大量非本土生植物的庭院。

木质的水车、铜制的花瓣状风车、博物馆、图腾柱，还有各种动物造型的园艺作品都为花园增添了观赏的情趣；游客中心、餐厅、冰淇淋店都以白色和绿色为主色调，和谐地与花园共存。

美丽的花园令人陶醉，辛勤的园丁更让人敬佩。这么大的花园当然需要精心养护，统一深绿着装的园丁们总在忙碌着，修剪花木，替换枯萎的花卉，或者推着花车运送新鲜肥料……

除了布查特花园，在维多利亚中心还有许多如培根山公园的城市花园，

每一天都为维多利亚送上新鲜和芬芳，是名副其实的花园城市。

维多利亚隶属于加拿大的英属哥伦比亚省，从英属二字便可以看出这一片区域曾经在主权上归属于英国。

维多利亚建城于1843年，第一批居民来自欧洲，水獭皮贸易繁荣了这座城市，英国哈德逊湾贸易公司在此建立了一个贸易中转站，维多利亚从一个小镇变成了一个有450位居民定居的小城。1958年，弗雷赛河（Fraser River）里发现了金子，淘金热改写了这座城市的历史。载着淘金者的蒸汽船陆续前来，这些来自美国加州和澳大利亚的淘金者太多，维多利亚的人口也戏剧化地成倍增长。

“我们维多利亚有8万人口，其中5万是美国人。”接驳车司机带着英式幽默，向我们讲述着这个城市的历史和现状。这些美国人一部分是当初淘金者的后代，还有一部分则因为各种原因在近年来陆续从美国迁移而来。作为一个加拿大城市，美国人却是这里的主要聚居群体。

既然曾经是英国属地，英国文化也深深影响了这座城市，城市内的多数标志性建筑大多建于维多利亚时期。最能体现英伦风景景观的地方便是城内的海港，海港边的议会大厦和帝后酒店两相辉映，似乎将周围的时光定格在了150年前。

下午茶　High Tea

最能回味英伦旧梦的地方，是帝后酒店里的下午茶餐厅。也许是太出名，通往帝后酒店的花园小径中都摆放着下午茶餐厅的指路牌。下午茶餐厅（tea lobby）在帝后酒店的一楼，一进门，右手边是陈列着英式骨瓷的茶具商店，而帝后酒店里的装饰也是百年前的风格，扶手、地板、墙壁都是木结构的，古

朴里透出低调奢华。

“女士，你的茶点会在5分钟后送到，请先点茶，我们的茶有许多不同品种。”

“谢谢你，马琳。”

茶餐厅里的服务是一对一的，每一桌对应一个服务员，送茶点、换茶、倒水和结账都会是同一个人。为我服务的是一位体形微胖的女士，系着白围裙，样子很可亲，服务员的左胸佩戴着他们的名字牌。见到服务人员以名字相称，是对他们的尊敬，这是我在邮轮工作时培养出来的习惯。

桌子上有两份菜单，一份茶点菜单，红色皮质封面，写着各种茶点的名称和配料，而另一份是茶菜单，是一个长方形木盒，打开以后左边是21个小方格，每个小方格里都装着一种茶的样品，右边是一张纸，是对左边每一种茶的介绍。

茶总是先于茶点送上，并配以一小盅牛奶，以及白糖、砂糖、红糖、枫

糖四种调味糖。茶壶下的白色火盆与茶壶一般大小，里面点着清洁蜡烛，为茶保温，一切茶具皆是骨瓷质地。

茶点每个人都是统一的。自上而下第一层是四种咸点：小面包夹烟熏三文鱼，手剥虾仁蛋卷配姜汁柠檬片，英式黄瓜黑麦蛋糕以及鸡胸肉奶油蛋卷搭配红椒丝、洋葱丝、杏仁和菠萝丁。第二层是五种甜点：普罗旺斯榛子糕，柠檬罂粟花糕（据说这曾经是玛格丽特公主的最爱），水果奶油小蛋糕，黑莓巧克力香糕，白巧克力塔点缀树莓、草莓、蔓越莓和腰果泥。第三层是手工现烤的葡萄干司康饼，配淡奶油和草莓酱。吃下午茶的顺序是从下到上，只是第二层的甜点实在太甜，只是各尝一小口就觉得腻了。

午后，阳光斜照，给通体白色的茶餐厅抹上了一层橘黄色的光晕。

左手边的一张长方桌围坐着三位女士，妆容精致，衣着优雅。一位穿嫩黄无袖连衣裙，一位着粉蓝修身中裙，而另一位则一身黑色丝缎裙，裙上搭配网纱还有金线刺绣。各自头上还戴着相应颜色的复古小礼帽，礼帽上有羽毛点缀。在他们的后方则是一个三口之家的聚会，男士穿西装，戴黑色领结，女士着中式旗袍，女儿则穿着白色小纱裙，非常温馨。右手边则是另一番景象，三张桌子坐着20来个东亚面孔的客人，他们穿着防风夹克或休闲服，女士们拿着手机自拍，男士们在大声聊天，显然是一个游客团。我看看左边，再看看右边，仿佛中间隔了100年。

喝完下午茶，再来一碗唐人街清汤乌冬面压压胃。西蓝花、胡萝卜丝都用水焯一遍，放一些虾仁和笋片，简单清新。维多利亚的唐人街是加拿大最古老的华埠，与帝后酒店一样拥有百年的历史。维多利亚的唐人街非常迷你，宽不过10米，长不过百米，交叉路口是一尊孙中山的铜像，唐人街的牌楼上书“同济门”三个字，两边匾额分别写有同心与协力，表达了华人移民和衷共济的心愿。五月初的唐人街很美，不宽的道路两边种植的樱花树已盛放，风吹花落，一地粉色，两边的树梢上有红色小灯笼相连，两边的市场门面也以中国红为主色调。香港楼、丝路、福记，熟悉的中文店名让人倍感亲切。晚上五六点的光景，临近海港的西式餐厅都没有开放，可唐人街里的餐馆里却已经人满为患。

傍晚，我与这座城市挥别，不忘带几块洛基山工厂出产的枫糖巧克力，它们也是现在英国皇室的御用巧克力，一口咬下，巧克力中的栗子榛仁酱粘得可以拉出丝来。

维多利亚，一座香甜的城市，有花朵的芳香也有巧克力的甜腻，书写过华人奋斗的历史，也枕着英伦帝国的旧梦。

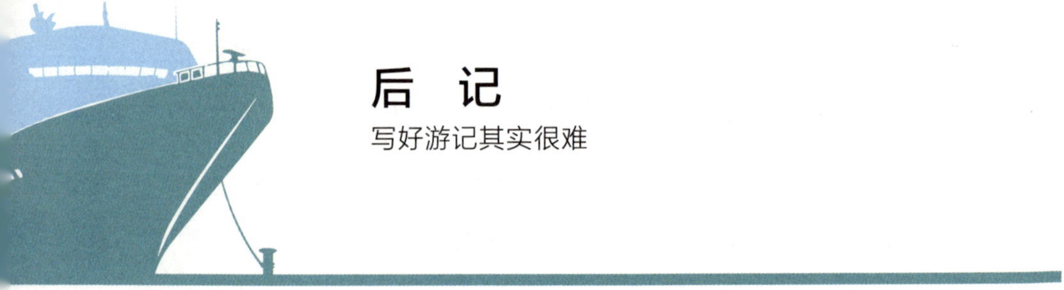

后 记

写好游记其实很难

作为一个热爱旅行的人，每到一座城市游览，我都会将感触最深的人、事、景做一个记录，比起《青春海上来：环游世界的邮轮摄影师》，《邮向星辰大海：来自邮轮摄影师的游记》这本书，我的写作时间跨度更久，而且修改次数更多，写游记容易，但是写好游记其实很难，难在两点平衡：

第一，攻略性和文学性之间的平衡。

市面上的游记文学粗分其实就三大类，第一类接近旅游攻略，代表性的作品就是《孤独星球》，以及类似携程、马蜂窝和穷游网上提供的旅行锦囊等，这一类注重数据和流程，侧重于提供交通和食宿等实用信息；第二类接近个人传记，主要关注于作者自己在旅行途中所经历的事和所遇见的人，注重个人体验，比如小鹏的《背包十年》系列，第三类则是旅行文学，比如余秋雨的《文化苦旅》和毕淑敏的《非洲三万里》等，这些作品侧重于文化体验，多为专业作家所写。

我写作游记时，给自己的定位就是以旅行文学为主，个人体验为辅。大概是出于我作为文学专业者的偏好，旅行时总会下意识地去多关注和探究当地的文化，但真写起来，如果对目的地的文化历史着墨过多，就会让文章变得枯燥，而且会提高阅读门槛。我曾经阅读过一位知名作家写的柬埔寨游记，可是整本书更像是一部历史书，几乎找不到旅行的痕迹了。

当我写到巴拿马运河时，我就有了这样的担忧，国外的旅游景点名称对于绝大多数读者而言本身就是陌生的，大量专有名字的出现，会加重阅读负担，因此在最后一次定稿时，我已经删去了不少冗杂的介绍，尽量翔实又不过于繁杂。

第二，主观和客观之间的平衡。

最初开始写游记时，几乎人人都会犯的错误就是习惯性地用“我……”开头，从写作者来看，没什么毛病，因为旅行经历是自己的第一人称视角，但是读者是从第三人称角度来阅读的，所以多用第三人称，读者的阅读体验才会比较好。主观视角用得太多，就会变成流水账，但是客观视角用得太多，就会变成百度百科。所以在主观和客观视角的切换上，我也曾几次修改，用主观角度写个人的独特体验，用客观角度写当地人文风情，同时对不少涉及文化类的文字进行故事化处理，避免过于平淡琐碎。

回归到邮轮旅行，我相信，疫情过后，邮轮旅行甚至是远洋邮轮旅行又会重新回到大众视野。作为一种旅行方式，邮轮旅行的优势和劣势是明显的。

优势：邮轮可以直接送旅客到目的地，免去了长途跋涉的辛苦，所以对老年人和行动不便的人非常友好，也因为邮轮本身食住行都包括，娱乐设施丰富，所以也适合全家出游，中国的老龄化社会正在形成，对邮轮旅行是一个利好，可以给银发一族提供便利、舒适、安全且优雅的旅行方式。这一点，我在国外航线时就已经有了明显感受，90%以上的乘客是60岁以上的老年人。

这是一个真实的故事：在巴拿马运河航线时，我遇到了一位身患绝症的老人。这位老人卖掉了自己的房产，将自己所有的养老金拿出来都花在了邮轮旅行上，一个航线接着一个航线地购买，在邮轮上度过自己的余生。

相比于和子女一起生活，抑或在养老院度过余生，在邮轮上他会被邮轮海乘们热情招待，而且乘客大多都是同龄人，每一个航程他都会结交新朋友，衣食无虑，如果不幸于邮轮上去世，船长会通知最近的港口派来直升机将其送回家中，快乐又体面地走完人生最后的时光。

劣势：走马观花的旅行和较长的旅行时间跨度。前者是因为邮轮到达一个城市的停泊时间通常少于一天，减去通关时间，估计在一个城市停留的时间少则5～6个小时，长也就8～10个小时，对于普通游客而言，要对城市的人文历史有深入的体验和了解，这点时长肯定不够。后者是因为邮轮旅行的艺术在于慢，7天以上的行程才是刚刚体验邮轮生活的开始，可是对于绝大多数中国人而言，请7天以上的假期着实不易，满足这个条件的，大约只有放假的学生、自由职业者和退休老人了。

最后，写作这本书的初心是希望能通过自己的经历，让更多人了解邮轮、邮轮旅行和邮轮文化。

星辰大海，扬帆启航！

徐菘霙